こころを聴く

寄り添うカウンセリング

堀尾治代

道友社

まだ博士課程にいたころ、拒食症の子供にぶつかりました。脱水症状で病院に運び込まれた重症児でした。触ると石みたいにコチンコチン。ひと言もしゃべりません。幼稚園に入るとき、母親と離れねばならない不安が原因だったようです。私は治療に際して、ただ何日も、だっこしているだけでした。が、ふとした拍子に体が柔らかくなり、治ってしまったのです。その後は、お姉ちゃんと言って抱きついてきます。うれしかったですね。

治療といっても、こちらが何かをしてあげるというものではありません。第一に〝あげる〟とか〝助ける〟という気持ちは相手から拒絶されます。まず、その人のありのままの気持ちを受け入れ、尊重して、その人自身の伸びる力を信じて、そばで見守ることしか、基本的にはできないのです。

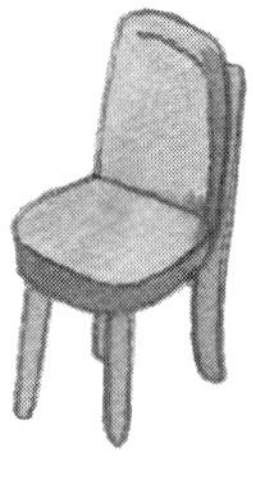

まえがき

天理大学大学院臨床人間学研究科教授　菅野信夫

本書は故堀尾治代《ほりおはるよ》先生の遺稿集として出版されたものです。一読者として先生の文章に改めて接し、先生の静かでゆったりとした口調、流れてくる温かな雰囲気とお人柄が昨日のように懐かしく思い出されます。

本書には、『天理時報』や『陽気』などに連載されたエッセーを中心に、対談やインタビュー、そして講演録などが収録されています。いずれも長年にわたる先生のカウンセラーとしての実践経験から書かれたものですが、一般の読者を対象としているので、平易で読みやすい文章となっています。

Ⅰ章、Ⅱ章では、カウンセリングとはどういったものなのか、どんな人たちが相談に来られ、カウンセラーはどう応対していくのか、その際、カウンセラーが大切にしていることは何かなどについて、具体例を挙げながら紹介されており、読者にとっては家族の理解や対話のヒントになるのではないかと思います。

Ⅲ章では、思春期・青年期の心の発達と親の対応、そしてⅣ章では、若者と宗教をテーマに、やや専門的にはなりますが、彼らの心のなかで何が起こり、動き、成長していくのかについて解説されています。

最後のインタビュー記事「〝大人になる〟のが難しい時代」では、青年期にある教会の子弟たちが直面する課題について、その葛藤《かっとう》と自立への道が詳しく述べられています。これは何も教会の子弟に限った話ではなく、これから社会に巣立とうとしている青年すべてに共通する重要なテーマであり、ここで述べられていることは、多くの人に何らかの示唆を与えてくれるのではないかと思います。

先生の研究テーマは「信仰とパーソナリティ（人格）特性の関連」であり、学位論文もこのテーマで執筆し、京都大学から博士号（教育学博士）を授与されています。

特に青年期を対象とされたのは、やはり天理教の教会に生まれ、育った、ご自身の境遇が大きく影響していたのではないでしょうか。

本書の上梓《じょうし》は、治代先生のご主人である尚志《ひさし》先生の精力的なご尽力がなければ成し得なかったかもしれません。連載記事や原稿の収集、整理、編集、そして出版社との打ち合わせなどを、ほとんど一人で遂行されました。またそれを陰で支えた治代先生の旧友の皆さんの協力もあってはじめて、本書『こころを聴く――寄り添うカウンセリング』が完成しました。

読者が自身の生き方や家族のあり方、そして社会との関係などについて思いを巡らすとき、その指針を本書から得られたらと願うものです。

目次

カウンセラーの仕事

「三年寝太郎」という民話があります。

地域によって話の内容は多少異なりますが、大筋は皆、食っちゃ寝、食っちゃ寝していた怠け者が、最後に大きなことを成し遂げるという話です。昔の人は、どこかで怠けることの意味や、何もしないことの大切さを感じていたのではないでしょうか。

一年近く、人や社会に怯《おび》え、心を閉ざしていた青年が、ある日、

「ふっとこだわりが取れました。苦しかったときは、一日が経つのさえ長くて、この苦しさが永久に続くと思っていたのに……時が経つって不思議ですね」

と、初めて見る笑顔でつぶやきました。

確かに「時間」が経つことによって心が癒《い》やされたり、心にエネルギーが満ちてきて自己治癒《ちゆ》力が働きだし、「時が経つって、ありがたいな」と思わされることも多いのです。

しかし一見、動きが止まったかのようなその「時間」が、苦しんでいる本人や家族には、どれほど長く感じられることでしょうか。

平均寿命がこれだけ延びたいま、「三年寝太郎」ではなく、「五年寝太郎」の話ができてもよさそうなのに、逆に一年、いや半年も家にこもったり、学校に行かなかったりすると、本人も周りも焦り、世の中から置いていかれるかのように思ってしまいます。

しかし、無為や無気力に見えるこの時こそ、心のなかでは大きな動きが起きていることが多いのです。何もしない時を過ごすことで初めて、その人の本当の心が動きだすかのようです。

中学校の三年間、学校へ行けなかった子供が、一番つらかった時を乗り越えられた

のは、

「大丈夫よ。学校へ行かなくても偉くなった人はいっぱいいるし、そのうち苦しくなくなるよ」

という母親のひと言のおかげだといいます。

いまの世の中で、何もしないでいること、動けないことの苦しさを共に実感しつつ、いつか動きだせることを信じて、「その時」を共に待ち続けることが、私たちカウンセラーの仕事かもしれません。

I

カウンセリング入門

普通に接して！

「正月休みはどこかへ行かれましたか？」

「うちは受験生を抱えていますからね。今年はそれどころではないですわ」

毎年一月に入ると、こんな会話があちこちで交わされるのではないでしょうか。入試が本番ともなると、受験する本人だけでなく、家族もまた、いろいろと気遣いが大変なようです。受験戦争・学歴社会の弊害が言われつつも一向に改まらない今の日本で、受験は確かにひとつの試練・節目です。その試練に立ち向かう子供に、家族としてできるだけの協力をしてやりたいと思うのは、自然な感情でしょう。

しかし、勉強の邪魔になるからと、親がテレビの音声を消して見ていたり、家族の

会話の声をひそめたり、などというのを聞くと、それでいいのかなと思ってしまいます。親としては協力し、励ましているつもりが、子供には無言のプレッシャーになっていることも少なくないのではないでしょうか。

受験を前にして登校できなくなってしまった中学生や高校生に、カウンセリングルームで会うことがあります。彼らは、

「下でシーンとしていられると、二階にいる僕まで息苦しくなってしまって……」

「父親からも母親からも、勉強、勉強と言われて……。学校でしんどいのに、家でまで言われたら居場所がない」

「あるとき気がついたら、母親が部屋の戸をソーッと開けて、勉強しているかどうか見てたんですよ。それ以来、いつ来られるか不安で落ち着かなくなって……」などと、さまざまに訴えます。

中学三年生や高校生ともなれば、彼ら自身、自分の学力や、やりたいことを十分に知っています。また、学校や友達からの受験情報も豊富に持っています。「志望の学校に行けるかな？」という不安や、勉強しなくてはと思いつつも、やる気が出てこない焦り、やってもなかなか成績が伸びないしんどさなどを、本人が一番感じているのではないでしょうか。

親は子供に「あなたのために言っているのに」と言います。しかし、そんなときは大抵、親自身が安心したいためということが多いように思います。

カウンセリングにおいては、その人本来の力を一番出せるようにする——そのために、温かく・自由で・安定した場、そして互いに信頼し得る関係をつくることが求められます。ほっとでき、安心できる雰囲気をつくること、本人の希望や選択を尊重し、子供を信頼して見守ることの大切さは、カウンセリングにとどまらず、受験生を持つ家庭においても同じなのではないでしょうか。

　受験に失敗して落ち込んでいる子供の場合、親の期待にこたえられなかったことに苦しんでいるケースが少なくありません。人間は自分で決め、自分で頑張ったときには、結果が仮に失敗だったとしても、案外きちんと受けとめられるもの。親もまた、「よく頑張ったね」と子供の努力を認め、次へのチャレンジのエネルギーが満ちるのを楽しみに待ちたいものです。

〝心〟を聴いてみませんか

先日、一人の学生が相談室を訪れました。

「母親と話すと、いつも、どちらも感情的になってしまって話し合いにならない。先生、間に入ってくれませんか」

と言います。このように、親と話しても仕方がないと諦《あきら》めている子供もいれば、子供が何を考えているのかさっぱり分からないと嘆く親もいます。親子に限らず、夫婦の間でも、こういった会話のすれ違いは多いのではないでしょうか。

子供の問題で相談に来られたあるお母さんは、

「夫は私が何を言っても、ちゃんと聞いてくれないんです。夫があんなだから、子供

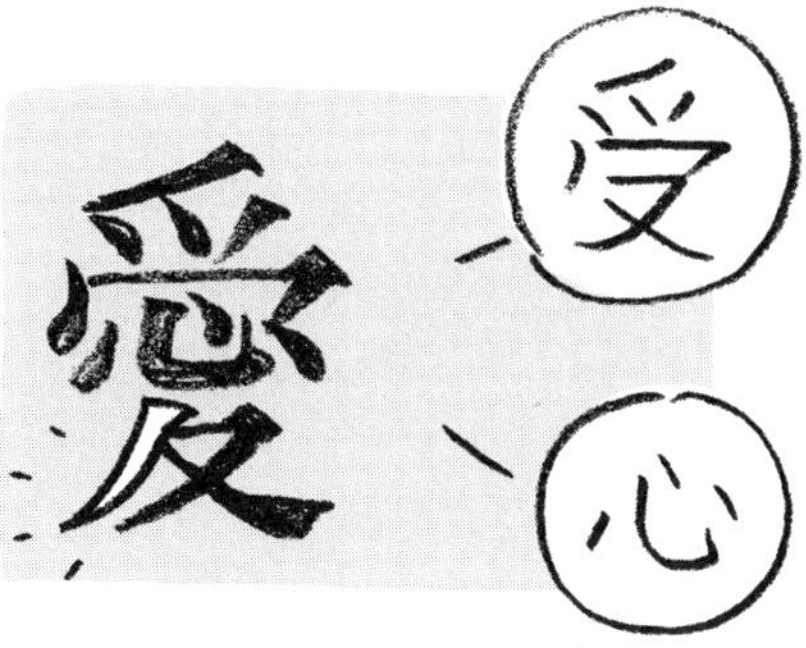

もいつまでも変わらないんですよ」

と来るたびに訴えました。あるとき、そのお父さんが来て、

「妻はね、私が一言うと十言い返してくるんですよ。うんざりして何も言う気がなくなる。ちょっときつく言うと泣いてしまいますしね。話にならない」

と、これまたぼやいて帰られました。

　こうしてみると、夫婦、親子といった一番近い関係にある人間同士の会話が、一番難しいのかもしれません。

　最近、不況のせいもあって、父親や夫の帰宅が早くなり、家族と共にいる時間が増えたといわれます。定年になったら、妻とゆっくり過ごしたいと考えている男性もおられることでしょう。

しかし、一方で「せっかく早く帰って子供と話そうとしても、うるさそうに二階に上がってしまう……」というお父さん。「定年で夫が一日家に居るようになって……気が重いですわ」というお母さん。なかには「夫と同じ部屋にいて、同じ空気を吸っていると思うだけで息苦しくなる」という人も。


対話・コミュニケーションは、話し手と聞き手（受け手）があって成り立つものです。話し手と受け手の間を言葉が交互に行き交い、お互いの気持ちを分かり合うのが対話でしょう。

「先生、うちの母は口が二つで耳は一つやで」

と言った子供がいました。うまいこと言うなあと感心しましたが、家族の対話がうまくいっていない場合、このように、家のなかで話し手と聞き手（聞かされ手）の役割が固定されてしまっていることはないでしょうか。

「話し上手より聞き上手」という言葉があります。夫婦、親子の対話を豊かにするために、まず「聞き上手」になることから始めてみてはどうでしょう。相手の話を聞く、そして相手の言葉を聞きながら、その底にある〝心〟を聴くこと。頭ではなく〝心〟で聴くこと。これが、カウンセリングの「聴く」ことです。

「〝心で聴く〟とか〝心を聴く〟というのは、言葉では分かっていても、なかなかできない」という方は、「愛」という字を書いてみてください。そこから「心」と「受」を取ると「ノ」が残ります。心で受けて「ノ（の）」をつける。子供が「学校に行きたくない」と言ったら、「そう、学校に行きたくない〝の〟」と答えて、まず心を受けるのです。

この相手の言葉を繰り返すという方法は、カウンセリングにおける「受容的応答」の基本技法の一つです。まず、「ノ」をつけて、家族の心を聴いてみてはいかがでしょう。

まずは心を〝白紙〟にして

前項で、「まず聴くこと」から始めようと述べました。しかし、「聴こうとしても、子供（夫）が何も話してくれないから、ついつい自分が一方的に話すことになってしまうんです」といったことも多いのではないでしょうか。

相手が話したくなるような雰囲気、安心して話せる場をつくることは、意外に難しいようです。アメリカのガッズダーという研究者は、われわれが悩みの相談相手として、また友人として、どういう人だったら安心し、心から信頼して話せるのだろうかという調査を行い、いくつかの条件を挙げています。

第一の条件は、前回述べた「自分の話をよく聴いてくれる人」です。次に、②やることを指示しない人　③自分を評価したり、他人の価値観を押しつけたりしない人――と続きます。

相談しておきながら指示（答え）は欲しくないというのは、矛盾しているように思うかもしれません。また、相談されているのに、こんなに苦しんでおられるのに、何も答えないのは相手に対して申し訳ないといった気持ちも起こるでしょう。他者のことを心配し、なんとかしてあげたいと思う気持ちの強い親切な人ほど、余計に「こうしたらどうですか」とか「それは……だと思いますよ」と言わずにおれないものです。

私たちは皆それぞれ、自分の考え方・感じ方や価値観を持っています。そして、自分の枠のなかで相手の話を聞いたり、相手を評価したりしてしまうことが多いのです。

不登校を続けていたある女子高校生が、

「ここで話を聞いたせいか、親はこのごろ、口では学校へ行けとは言わなくなりました。でも、心のなかでは行ってほしい、どうして行かないのかと思っているのがよく分かってつらい」

と言ったことがあります。

「学校、行きたくない」

という子供に対して、

「そう、行きたくないのね」

と受けたとしても、心のなかで、

「学校へ行ってないのが恥ずかしい」

「少しでもいい学校へ行って、安定した仕事に就くことが良い」
といった価値観で聞いている限り、子供にとっては本当に心を分かってもらえたとは思えず、それ以上、何も話す気がしなくなるのではないでしょうか。

悩んでいる人が本当に求めているものは「正解」という答えではありません。人は、自分の気持ちを十分に話すことができて、相手がそれを本当に分かってくれたと感じるだけで、ずいぶん楽になるものです。気持ちが楽になり、心が癒《い》やされていくなかで、答えはその人自身のなかから自然に生まれてくるように思います。

「何か答えなければ」
と思うより、まず自分の心を〝白紙〟にして、相手のありのままを受け入れること。相手の気持ちや考えに関心を持ち、深く知りたいと思うこと。これがカウンセリングにおける「受容」であり、クライエント（カウンセリングを受けに来た人）への「無条件の積極的関心」なのです。

心に治めることが信頼のカギ

前項に引き続き、「信頼できる悩みの相談相手の条件」について考えてみましょう。

これまで、

「自分の話を聴いてくれる人」

「ありのままを受容してくれる人」

について述べました。アメリカのガッズダーという研究者は、さらに、

「お互いに話し合ったことを、ほかの人に容易に話さない人」

という条件を挙げています。

確かに、「この人なら、何を話しても絶対ほかの人にはもれないだろう」という安

心感がなければ、自分の気持ちや状況を人にはなかなか話せないのではないでしょうか。

ある相談室に、プレイセラピー（遊びを通した子供の心理療法）に通っていた子供が、急に「もう行かない」と、やめてしまいました。

「あの先生は、僕と先生との秘密をお母さんに話したから」

と言うのです。子供が毎週楽しそうにプレイルームに行く。それだけで、どんどん変わっていく。いったいあの部屋で何をしているのか気になり、熱心に尋ねてくるお母さんの迫力に、つい動かされ、セラピスト（療法士）

が子供の様子を話してしまったのが原因のようでした。セラピストのひと言で、子供との信頼関係が一瞬にして崩れてしまったのです。

相手が子供であれ大人であれ、私たちカウンセラーには、クライエントのプライバシーを尊重すること、秘密をもらさないことが最低限の倫理として課せられています。ここで話したことは、絶対他者にもれないという守られた空間であるからこそ、安心して自分が出せるのです。

しかし、「王様の耳はロバの耳」という童話にもあるように、秘密を守る、聞いたことや知ったことを自分ひとりの心に治めておくというのは、かなりしんどいことです。

「あなただけに言うけどね」

と話したことが、次の週にはクラス中に、あるいは近所中に広がっていたという経験は、かなりの人があるのではないでしょうか。

特に、重い話やつらい話を聞いたときほど、自分ひとりの心に治めきれず、誰かに話したくなる気持ちもあるでしょう。また逆に、難しい問題がうまくいった場合にも、つい、こんなにうまくやりましたよと言いたくなる気持ちもあるでしょう。

しかし、信頼される聞き手になるためには、聞いた話を容易に他者に話さないことが大切です。カウンセリングの開始においても、

「ここで話されたことは誰にも話しません。ただし、あなたの命に関わるような場合は、了解を得て話すこともあります」

というような約束をするのが一般的です。同じカウンセラーが子供と親の両方に会うこともありますが、その場合、必ず子供の了解を得たうえで両親と会うべきです。

聞いたことを外にもらさないことと、外に出すときは必ず相手の了解を得ることが、信頼し得る人間関係の基本であり、クライエントを絶対的に尊重することといえるでしょう。

まず自分を知ることから

これまで繰り返し述べてきた「信頼できる悩みの相談相手の条件」の最後に、前項でもふれたガッズダーは、

「言動が一致し、自信を持っている人」

「ユーモアのセンスのある人」

を挙げています。


カウンセラーの持ち味とか、人柄ということがよくいわれます。カウンセラーに限らず、話しやすそうな人や怖そうな人、頼りになりそうな人など、人は皆それぞれの雰囲気を持っています。自分の前にいる人（カウンセラー）が、心にゆとりを持ち、

自信を持ち、安定した人であることによって初めて、私たちは何でも安心して話せるのではないでしょうか。

しかし、自信を持ち、安定していながら、かつユーモアのセンス（心の柔軟性）も持つというのは、考えてみるとずいぶん難しいことです。私自身、若いころ担当したクライエントから、

「最初のころ、先生がずいぶんきつい、冷たそうな人に見えて話しにくかったんですよ」

と言われ、こたえたことがあります。おそらく、私のなかにあった「うまくやらなくては」という気負いや緊張感が、そういう雰囲

気を生み出していたのではないでしょうか。

自分では相手のことを親身に心配し、一生懸命に接しているつもりでも、相手から見れば、うるさい人、押しつけがましい人などと映っていることもよくあります。また、言葉では、

「何でも話してくださいね」

と言いながら、心のなかで

「嫌だな」

「疲れるな」

などと感じていると、相手にはてきめんに通じてしまうものです。

自分に自信を持ち、ありのままの自分を認め、安定しているための第一歩は、まず「自分を知ること」といえるでしょう。私たちは、周りの人のことは、話したり、外から見たりして、ある程度分かっていても、自分のことについては一番分かっていないことが多いのです。

たとえば、話し方ひとつとっても、自分では案外、気づいていないことがあります。優しく話しかけているつもりでも、相手には問い詰められているように聞こえることだってあるでしょう。私はカウンセラーの訓練を受けていた最初のころ、自分の面接テープを聞き返して、声の低さ、固さに、愕然《がくぜん》とした覚えがあります。

話し方に限らず、雰囲気や行動の特徴・癖など、率直に誰かに尋ねてみるのもいいでしょう。案外、子供が一番、的確で厳しい批評をしてくれることが多いようです。ある日、ある場面の自分の声を録音して聞いてみたり、ビデオに撮ってみるのもいいかもしれません。外見的な自分だけではなく、性格や考え方などについて、時には一人でじっくり見つめ直したり、あるいは誰かとゆっくり話したりしてみてほしいものです。

自分について知り、その時々のありのままの自分を認めること、そして、相手に対して心を開き、ありのままの自分で接することが、「カウンセラーの純粋性」ともいえるでしょう。

面接時間を制限する意味

先日、あるクライエントから、

「面接時間を二時間に延ばしてもらえませんか。一時間では話し足りません」

と言われました。また、子供のセラピー（心理療法）を続けているときに、親から、

「週二回、来てはいけないでしょうか。そのほうが、もっと早く良くなるのでは……」

と申し出られたこともあります。

カウンセリングは、週一回、五十分から一時間が原則とされています。「それは、どうしてですか？」と尋ねられることがよくあります。この項では、週一回、何曜日

の何時から何時までといった、カウンセリングにおける「時間の枠」の持つ意味について考えてみたいと思います。

カウンセラーの立場からすれば、ある一人のクライエントが話すことを、本当に〝聴くこと〟ができるのは一時間が限度、というのが正直な実感です。

一方、クライエントの側からしても、自分の内面を見つめ、語るには、相当のエネルギーが必要であり、やはり一時間が限度だと思います。一時間を二時間にしたからといって、面接内容の質が二倍になるとは思えないのです。

また、面接時間は一時間であろうと、その一時間のなかで生じたことは、一週間の間にカウンセラーとクライエントの心のなかで熟成され、次の一時間へとつながっていくのです。

むしろ、時間という枠が決められていることによって、守られていることのほうが多いといえます。クライエントにとって、この一時間は自分のための時間であり、自分で自由に使える時間であるということは、大きな安心感につながるでしょう。また、クライエントは、それが子供の場合でも、それぞれうまく〝自分の時間〟を使いこなせるものです。

それだけに、カウンセラーはクライエントの時間の使い方に敏感でなければなりません。たとえば、約束の時間に遅れることによって、自分の時間を少なくする人の場合、面接の場面がつらいものになっているかもしれません。あるいは、カウンセリングへの不満や怒りの表現とも考えられます。

面接の終了間近になって、「実は先日こういうことがありまして……」とか、「いま、すごく苦しいんです」などと、大事なことを言う人も少なくありません。かつては「どうしてそんな大事なことを、早く言ってくれなかったのか。そうしたら、もっとゆっくり話し合えたのに……」と思ったこともありました。しかし、その人にとっては、終了直前に言うことに意味があるのだと考えるようになりました。「一週間の間に考えておいてください」という、カウンセラーへの宿題かもしれません。あるいは、いま非常に苦しいということは分かってほしい。しかし、まだその苦しさに直面するのを避けたい、というメッセージかもしれません。

クライエントの状態によっては、週二回という場合もありますが、大抵の人は、「次は何日には絶対会える」ということで、持ちこたえられるものです。このように、「時間の枠」を決めること、それを守ることは、カウンセリングを支える基盤ともいえるのです。

【コラム】

「心の病」とは

〝心が弱っている人〟に関わってあげたいと思っても、なかなかサインはとらえにくい。自分から「しんどい」とは言いにくい、言えない人が心を病んでしまうのです。

「心の病」には、いろんなタイプがあります。大まかにどのような病態があって、どう呼ばれているかくらいは知っておきたいものです。

昔、皆さんが聞かれていた病名とは、かなり違ってきていますが、大きくは「精神障害」と「神経症」とに分かれます（分類はアメリカ精神医学会DSM-Ⅳから）。

精神障害　「人格の病」といわれ、病的な現象がその人全体を覆ってしまい、生き方を不自由にしています。精神障害は内因性で、かつて遺伝病といわれた時もありましたが、決して遺伝するものではありません。内因性、つまり、その人の内部に何かが起こっている、という病気です。

神経症　精神障害とは違い、「不安の病」です。人間はいろんな葛藤《かっとう》を持ちますが、そこに不安が存在し、「不安になってはいけない」という抑圧が神経症として現れます。

これらの病とどう接し、どう受け入れていったらいいのでしょうか。

サインを見逃さない

心の病には、早く専門機関へかかったほうがいい病態もあれば、病気とは言いきれないけれど、「なんとなくずっと調子が悪い」というのもあります。

そういう〝心が弱っている人〟に関わりたいと思っても、なかなかサインはとらえにくい。自分から「しんどい」とは言いにくい、言えない人が心を病んでしまうのです。うつの人は特にそうです。

だから、いかに周りの者がそういう状態をキャッチするかが大切です。その人の言葉だけでは、サインは絶対つかまえられません。サインを見逃さないためには、かなりの感受性が要求されます。

まず、その人全部を見る。そして、さりげなく言葉をかけていくことです。ずっとサインをとらえ、寄り添い、見守って、相手の方が「いつも気にしてくださっているなあ。ちょっと相談してみようかな?」と感じられるように。

じっくり聴いて受け入れる

人間は心が弱っているとき、自分自身を大事に聴いて、受け入れてほしいのです。誰かが聴いてくれるだけで、ずいぶんたすかる、元気が出てくるというのは実感です。じっくり相手の心に寄り添っていくということ。

しかし、〝聴く〟ということは難しい。それは、しんどい相談を聴けば聴くほど、自分のなかに留めておくことがしんどくなるからです。

寄り添う側の気持ちに余裕がないとできません。相手に悪いと思われるかもしれませんが、誰か相談に来られたら、最初に「三時から会う人がありますので」とか、「仕事がありますので」などと言っておく。この〝枠〟をつくることが、お互いに相手を傷つけないことになるのです。

自分自身に余裕があって初めて人の心を気づかえる、話を聴ける。時間的にはすごく忙しくても、「心の余裕」や「ゆとり」、「充実感」は大切です。

家族を支える

家族の誰かが病気になる、ましてや心の病を持つと、それ以外の家族は本当にしんどい思いをします。自分を責めたり、世話で疲れたり。だから心の病は、回復まですごく時間がかかるのです。

そのうち家族は、心がくじけたり、取り残された感じを持ったりするようになります。そういう家族と共にいて、どこまで支えになれるかです。支えにならずに、「それは奥さんの心づかいが……」では、関係もだめになり、病気も治らない。

たとえば、心療内科や精神科を受診したり、カウンセリングなどを受けたりする際、同行するのもいい。そうやって家族や配偶者など、周りの環境を支える。家族を支えるには環境を変える手助けをするのです。

寄り添っていきながら、「これだけは伝えておきたい」と、必要なときは言えばいい。ただし、タイミングが肝心です。相手が十分話し、相手の心が空になったところを見計らうのです。

相手の心も聴かないで、相手の心が思いでいっぱいのときに、最初から「それはこう悟って、こうしたらいいんですよ」では、絶対入っていきません。

心を遊ばせる

梅雨は蒸し暑さが続く季節。「この時期は、なんとなく体がだるくてね……」という方も多いのではないでしょうか。前の項で、人の話を本当に聴くには、相当のエネルギーがいるということについて述べました。ただ座って話を聴いているだけなのに、どうしてこんなに疲れるのだろうかと思うこともあります。逆に言えば、聴く側（カウンセラー）に、かなりの心身の余裕がなければ、人の話を本当に聴くことはできないということでしょう。

かつて私は、私的な事情で心身ともに疲れていた時期がありました。そのころ面接していたある大学生から、後になって、

「あのころ先生は疲れた顔をしていたでしょう。それを見ると話せなくなって……」と言われ、申し訳なく思ったことがあります。

自分では、自らの心配事や疲れは見せずに、努めてゆったりとした雰囲気をつくっているつもりでも、どうしても出てしまっていたのでしょう。

ほかの病院に通院している人からも、「今日は医者がしんどそうだったから、自分のつらいことが言えなくて……」とか、「何か急いでおられるようだったから、落ち着いて話せなくて……」といった電話がかかってくることがあります。

心を病んだり、精神的な問題を抱えたりする人は、大抵の場合、非常に感受性が強く、繊細です。また、他者に対しても敏感であり、優しい人が多いように思います。ちょっとした相手の表情や動き・言葉遣いなどから、相手の心の状態を敏感に察し、自分の心を揺り動かされるのです。それだけに、カウンセラーが、クライエントの言葉を本当に聴き、その心の動きに敏感であるためには、カウンセラー自身が心身ともに安定していること、心にゆとりがあることが大切でしょう。

それで…
?
二日酔い
しんどそうなカウセラーには
話しにくい

それだからかどうか、カウンセラーには、遊びが上手な人が多いように思います。仕事から離れ、自分の心を自由に遊ばせる時間や対象を、それぞれ皆、うまく持っています。ピアノやフルートの練習にいそしむ人、ダンスやスポーツを楽しむ人、少し時間が空くと野山を歩き回る人、将棋に熱中する人、お酒を楽しむ人などさまざまです。

そうした〝心の遊び〟の時間を持つことによって、心がリフレッシュされ、エネルギーが充電され、ゆとりのある状態でクライエントに向き合うことができるのでしょう。ただ真面目に、ひたすら他者のために、というのも悪いことではありません。しかし、それが逆に、相手にとってはプレッシャーになったり、気を使わせたりしてしまうこともあります。

遊び上手になること、言い換えれば、うまく自分の心を遊ばせる時間や対象を持ち、自分が生き生きしていること。その大切さは、カウンセリングの場に限らず、職場や家庭の人間関係にも通じるのではないでしょうか。

〃心の窓〃とつながる

先日、ある病院の医者から電話が入りました。

「学校へ行けないという中三の男子が親と来院したが、何も話してくれないので……そちらを紹介しました。よろしく」

とのことでした。

カウンセリングに関わる仕事をしていて、一番多い相談は、やはりこうした思春期・青年期における問題です。そしてまた、カウンセリングの対象として一番難しいのも、この年代かもしれません。

彼らの多くは、自ら進んで自分の悩みを相談したいと思って来るわけではありません。親や教師に言われて、嫌々ながら、そして何を言われるのかと不安を抱きつつ来るのです。本人が来談しないことも多く、たとえ来てくれたとしても、自分からいろいろ話してくることは、そうありません。何を尋ねても、「別に……」「何も……」としか返ってこないことも多々あります。

彼らは別に、医者やカウンセラーを困らせようとして黙っているわけではありません。彼らにしても「なぜ学校へ行けないのか」「どうして食べられないのか」「どうしてこんなにイライラするのか」分からないのです。また、自分の気持ちをどう言い表したらいいのかも、分からないのでしょう。分からないのに、「どうして？」と聞かれても答えようがなく、詰問されているように感じて、ますます黙ってしまうのかもしれません。

このような彼らとのカウンセリングにおいて、どのように関係を築いていけばいいのでしょう。

まず第一に、無理に話を引き出そうとするのではなく、話さない、あるいは話せな

い気持ちをそのまま受け入れること。そして、彼らにとって安心できる場をつくり出すことでしょう。

そうしたうえで、彼らの〝心の窓〟とつながるチャンネルを探すのです。ゲームなどの遊び的な要素や、なぐり書きなどの〝非言語的〟なものを媒介物として用いることで、関係が付けやすくなることもよくあります。そのためには「どうして学校へ行けないの？」と聞くよりも、「何が好き？」と、趣味や関心のあることを尋ねてみるのもいいでしょう。

漫画が好きな子なら、どんな漫画が、どうして好きなのかを一生懸命に聞いているうちに、少しずつ彼や彼女の心の声が聴こえてくるでしょう。毎回オセロゲームを一緒にしているうちに、親のことや自分のことを話しだしてくれた少年もいました。

大切なことは、カウンセラーの土俵に彼らを上げるのではなく、彼らの土俵にカウンセラーが上がることであり、心から一緒に漫画やゲームの世界に入ること。彼らの心に無理に侵入しようとしたり、何かを押しつけたりするのではなく、彼らのつらさ、苦しさを分かりつつ、彼ら自身の持っている〝自己治癒《ちゆ》力〟を信じて待つこと。共に歩むことといえるでしょう。

電話線の向こうから

前の項で、思春期・青年期のカウンセリングにおいて、相手の〝心の窓〟とつながることの難しさについて述べました。カウンセリングの場に本人が来てくれる場合には、まだつながることができます。

しかし、不登校の場合のように、本当に大変なときは、家から全く出られないということのほうが多いのです。また近年、家から何年も出られない「引きこもり症候群」も増加しています。あるいは、他人の視線が気になって、外に出られないという青年もいます。こうした外に出られない青年たちも、心のなかでは、外の世界・外とのつながりを拒否しているわけではありません。むしろ、外界・他者を意識し過ぎるからこそ出られないともいえるでしょう。心の底では、誰か自分を分かってくれる人を求めているのではないでしょうか。

このような状態のクライエントの場合には、まずは親だけに来談してもらい、家族の安定、環境の変化などを促していきます。しかし、できれば、なんとか本人とつながれないかを考えます。外には出られなくても、電話でなら話せるかもしれません。親とのカウンセリングを続けつつ、時期をとらえて、本人に電話でのカウンセリングを勧めることも少なくないのです。

しかし突然、本人に電話をかけても出られるはずはありません。事前に親から尋ねてもらってもいいでしょう。あるいは、カウンセラーがまず手紙を書き、自己紹介をしたうえで、電話をしていいかどうかを聞くほうがいいかもしれません。①電話をかけてもいい　②手紙を出してもいい　③どちらも嫌——という三択方式の返信用はがきを同封した若いカウンセラーもいました。

電話でなら話してもいいということになれば、電話カウンセリングが始まります。

この場合にも、曜日・時間は必ず決めておくべきです。また、電話に出たくないときは出なくてもよいということも伝えておいたほうがいいでしょう。

電話カウンセリングは、対面でのカウンセリング以上にエネルギーを使い、疲れるものです。「百聞は一見にしかず」といわれる通りです。顔を合わせていれば、その人の表情や雰囲気などから、言葉にならない心を聴くことができます。しかし、電話の場合には、耳からしか情報が入ってきません。声のトーンや話し方、沈黙の意味などを、よほど集中して聴かないと、相手が見えてこないのです。

カウンセラーの応答が相手にどう届いたかも分かりません。

「いのちの電話」などの相談員の大変さがうかがわれます。まして、「いのちの電話」などの場合は、まさしく一回きりの勝負なのですから、余計に難しいでしょう。しかし、その一回の電話で心が救われたり、死を思いとどまったりする人もいるのです。

電話カウンセリングを続けているうちに意思の疎通も深まり、相手の心も癒《い》やされていく――。いつか会える日を楽しみに、電話でつながり続けるのも、一つのカウンセリングといえるでしょう。

家族の理解を深める

これまで、一対一の人間関係におけるカウンセリングを中心に述べてきました。しかし近年は、グループ・カウンセリングや家族療法（家族カウンセリング）、夫婦カウンセリング（マリタル・カウンセリング）など、多様な形でのカウンセリングが行われています。私が関わっているクリニックにも、土曜・日曜には何組もの家族や夫婦がカウンセリングに通ってこられます。

家族療法には、個人カウンセリングと同じく、いろいろな理論や技法があります。しかし、個人カウンセリングが問題そのもの、あるいは症状を持つ個人を対象とするのに対して、家族療法は個人の属するシステム全体（家族全体）を対象とするのが基本です。個人の問題（病）としてではなく、家族全体のゆがみが特定の個人に現れていると考え、家族全体を変化させていこうとするのです。問題を持っている人だけでなく、親や兄弟など、できるだけ多くの家族に毎回来てもらって、カウンセリングが続けられます。

子供に問題が起こると、よく「親が悪いから」と、親の責任が問われます。確かに、親が変わることで子供が変わっていくことはよくあります。しかし「だから、やっぱり親が悪かったんだ」と言ってしまえるほど、単純なものではないように思われます。親のあり方の背景には、親と子の相互作用や、親同士（夫婦）のあり方、親の親や兄弟姉妹との関係など、さまざまな糸が複雑に絡み合っています。さらにその周りを、その家の歴史や地域環境、現代の社会状況など、いろいろな要因が取り巻いています。

そのため、家族カウンセリングや夫婦カウンセリングを行う場合には、常に全体の動きを見る視点が必要です。注意しなければならないのは〝悪者探し〟をしないこと。ともすると、私たちは話を聴いているうちに、

「お父さんがあれだから……」

「嫁と姑の関係が問題で……」

などと、誰かに、どこかに問題の原因があると決めつけてしまいがちです。悪者・原因を見つけると、なぜか分かったような気になって安心するのでしょう。

カウンセラーとしては、早く原因を探そう、悪者を見つけだそうとするのではなく、常に家族全体を見ていくこと。家族の一人ひとりがどう動いているのかを見極め、その結果、家族というシステムがどう変化していけばいいのかを、家族と共に考えていくことが大切です。

父親一人で話し続け、母と子がシラーッと黙っている家族、子供の問題の原因について一方的に夫を責め続ける妻など、家族の姿はさまざまです。

そうしたこれまでの家族のパターンを変えるために、黙っている人を促し、責められている人を励まして、家族みんながいままで言えなかった気持ちを、安心して自由に出せる場をつくり出すこと、そして、家族の相互理解が深まり、変化していくよう仲介役を務めるのが、カウンセラーの役割といえるでしょう。

精神障害への正しい知識を

「夜、なかなか寝つかれなくて……何をするのもおっくうで……食欲もないし……医者はどこも悪くないと言うんですけどね」

「それは気にし過ぎですよ。頑張って、気分転換に何かしてみたら？　元気を出してね」

こんな会話を交わしたことはないでしょうか。

うつの人に励ましは禁物というのは、周知のことです。しかし、依然として、それがなされている場合が多いのです。たとえば、善意で励まし、さらには「頑張って、修養科（天理教の教えに基づき、人間本来の生き方を学ぶ三カ月の修養課程）に入ったら」と勧め、かえって症状を悪化させることもあります。対人関係で緊張しやすいときや、集団生活でストレスを受けやすい人などにとっては、団体での修養生活が精神的に強いプレッシャーとなることもあり得るのです。

うつ状態に限らず、近年、さまざまな精神障害の相談が増えています。私たち人間は、人から相談を受けたり頼まれたりすると、つい責任感や熱意・善意から、なんとかしなければと思いがちです。しかし、一人の人間にやれることは限られていますし、カウンセリングも万能ではありません。一生懸命に話を聴いているうちに、妄想などの症状がかえって強化されてしまうこともあります。そのような場合、手遅れになって、問題をこじらせてしまうことにもなりかねません。

「せっかくカウンセリングを学んだのだから、この方の話を熱心に聴いてあげよう」と思う場面もあることでしょう。しかし、

「この方の状態は少し問題が深いな、難しいな」

と感じたら、できるだけ早く専門機関や専門家につなぐこと。家族を支えて、その方

向づけを援助することが大切です。私たちカウンセラーも、摂食障害などの心身症や精神障害に対しては、医者との連携のもとに治療を行うことを原則としています。

これからの社会において、心の病や精神の障害に苦しむ人は、ますます増えていくでしょう。その一方で、そうした病に対する治療法や抗精神薬の進歩にも目覚ましいものがあります。精神障害に、いたずらに偏見や先入観を持たず、適切な対応をすることが望ましいと考えます。

そのためには、精神障害について、最低限の基本的な知識を持つことも必要でしょう。

ひのきしんスクール（生きづらさを抱える人々のサポートや地域社会への貢献に役立つ専門知識を学ぶ講座）の受講など、さまざまな機会を利用して学んでいただければと思います。

また、各都道府県や市町村に置かれている精神保健福祉センターや保健所、児童相談所、青少年センターなどの存在について多くの人が知るようになり、もっと有効に利用されるようになればと思います。

〝心の時代〟に向けて

このところ、カウンセラーになりたいという人が増えています。どうしたらなれるのか、どういう勉強をしたらいいのかという問い合わせも多く、若い人はもちろん、四十代、五十代からの相談もあります。

カウンセリングや心理療法という言葉が一般の人々に知られるようになり、心の問題についての関心が高まってきたことは、うれしいことです。しかし一面では、戸惑いもあります。カウンセラーになりたいという若い人に、その動機を聞くと、「テレビドラマや小説で感動した。私もあのように苦しんでいる人の役に立ちたいから」という答えが結構多いのです。

しかし、現実のカウンセラーの仕事は、ドラマや小説のようにカッコいいものではありません。クライエントとの関係がうまく結べず、中断してしまうケースもありますし、失敗例もあります。一人の方との関わりが、十年以上にわたることもあります。熱意に燃えた若いカウンセラー志望者が、精神的に疲れ果てたり、身体《からだ》を壊したりして、カウンセラーへの道を断念するのを見るときは心が痛みます。

欧米では、カウンセラーや心理療法家の位置づけ・地位が明確化されています。しかし、何年もカウンセラーの訓練を積みながらも、専任の仕事に就けない人もいるのが現状です。

　カウンセラーを目指す人が増えたことを喜ぶと同時に、まずその前に、できるだけ多くの方にカウンセリングの基本的精神や技術を理解し、身につけてほしいと思います。子供の心が聴ける親、生徒の心が聴ける教師、また企業や地域で周りの人の心を聴ける人が増えればと願うばかりです。

「聞きだすけ」という言葉を耳にしたことがあります。教理を伝え、お諭しをすることも大切ですが、まず相手の話をじっくりと聴くこと。相手の心を受けとめることこそが、おたすけの第一歩ではないでしょうか。

〝心の時代〟といわれる二十一世紀、今後ますます心の問題は多様化・複雑化していくでしょう。カウンセラー自身も、それに対応できるよう、カウンセリングセンターの増設など、施設と制度がより充実していくことを願っています。

【コラム】

心の傷を癒やすカウンセリング

自己治癒力を引き出す

妻や夫、親や子といった身近な人を亡くしたとき、人はうつ状態になることがあります。悲しみを思いっきり表現し、体験できればまだしも、多くの人は、人前で恥ずかしいところを見せられない、つらさを見せられないと頑張ります。胸のなかに秘めた分だけ、後を引くのです。

悲しみを乗り越えていくには、まず、悲しみを受けとめる段階が必要です。〝喪の受容〟といわれますが、心を開ける人の前で経験を語り、事実を認識し、泣けるだけ泣けばいいのです。以前、泣いて泣いて泣き尽くして、「私にも、こんなに涙があったんだ」と語った人がいました。その方は、そこから新たに立ち上がっていきました。

震災などの報道を見ると、痛手を負った方々の多くは、実に雄々しく事態に対処しておられます。とりあえず解決しなくてはならない問題が多過ぎて、悲しんでばかりもいられないからでしょう。しかし、その後、事態が落ち着いていくなかで、〝心の傷〟が痛んできます。もし身近にそういう人がおられるなら、力になってほしいと思います。

専門家でない一般の人にできることは、ゆっくりとくつろがせること、そして、その人が話したいときに心から話を聴く。そのうえで「これからどうしたらいいか、一緒に考えましょうよ」と声をかけるのです。

そんなとき、気の毒だからと話の腰を折って、「大変でしたね」などと先取りをしてはいけないのです。悲しみを言葉にしていくなかで、自ら意識化できることがあります。恐怖心や不安、悲しみといったものも、自分なりに納得できれば、乗り越えられるのです。

大震災のホットラインで、「怖かった」との体験や、「わけもなく怖くて眠れないんです」といった声をたくさん聴きましたが、思い出したくないというものを、無理に聴き出すのもいけません。その用意ができていないものを性急に聴き出そうとすれば、心の傷は深まるだけです。してあげるといった思いではなく、あくまで等しく人として、ゆったり付き合うことが肝要です。

カウンセラーの三条件

カウンセリングの語源「カウンシル」は助言を意味します。しかし最近は、指導・助言よりも、相談者が本来持っている心の治癒《ちゆ》力を引き出す援助をする、ということが主流になっています。悩み苦しむ人に一方的に解決策を提示しても、真の解決にはなりません。その人が自分で問題を認識し、解決していけるようになるのが望ましいのです。カウンセラーは、相談者が心の整理をしていく過程を共に歩みます。そのために、定期的に面接して会話を交わしたり、子供なら一緒に遊んだりもします。

ところで、相談者が自身の心を癒《い》やしていけるよう、カウンセラーには三つの条件が求められています。

一つは、「無条件の積極的関心」です。評価したり、指示したりするのではなく、まず肯定的に受けとめるのです。誰しも、どんな自分であろうと、気づかい、受け入れてくれる人がいるだけで救われるのです。

二つ目は、「共感的理解」。共感であって、同情とは違います。一緒になって手放しで泣いたり笑ったりしているだけでは、本当の状況は見えてきません。また、冷たく距離を置いていても、相談者の心の動きは見えてきません。

そして最後に「真実性」。これは純粋性ともいわれますが、カウンセラー自身が、まず自分自身のありのままを見つめ、受け入れられているかどうかです。自分の心に問題があっては、相談者の心は受けとめられません。困難ではありますが、常に相談者とカウンセラーが対等な人間関係を維持できるだけの誠実性も求められます。

相手の心が動くのを待つ

カウンセラーになるためには、心理学に関する専門的知識、広範な教養、そして経験が必要です。現在、相談が多いのは、子供は不登校、いじめに起因するものや、友達の仲間に入れないなど。青年期では、引きこもりや無気力。三年も家から出たことがないという例もありました。そして大人では、うつ状態、家族間の人間関係です。

しかし、対処の仕方や解決方法は一つひとつ違います。知識や経験に加えて、心の柔軟性も求められます。たとえば、不登校の場合、学校へ行かせるのがカウンセリングの目的ではありません。時として、登校しないことに意味を見いだすことが、その子らしさを引き出す場合もあるのです。「何々でなくてはならない」といった常識に縛られない発想が必要です。

時間をかけて話を聴き、相手の心が動くのを待つ。その言葉の底にある意味をとらえ、的確に返す。自分の心の動きと相手の心の動きを見ながら、かつ相手と同じように感じる。カウンセリングは忍耐でもあります。信じて待つ忍耐力、これが必要なのです。

経験を積み重ねるなかで、人は必ず自らを癒やす力を持っていると確信が持てるようになります。しかし、それまでには迷いも不安もあります。一番苦しんでいるのは相談者自身だと思って、相談者自身の力を信頼できたら、ゆとりが出てきます。

ゆとりのあるカウンセラーに対して、相談者が「この人は、自分を信頼してくれている」と実感を持てたら、安心して心を開いてくれるのです。

しかし、ただ聴き、待っているだけでは何も進みません。いま、こういう刺激を与えたらいいなと判断することもあります。それがいつなのか、どんな刺激なのかは、知識と経験を積むしかありません。

いま、身近に心の悩みを持っている人がいるなら、とにかく一生懸命に聴くことです。自分に関心を持ち、気づかってくれ、一生懸命に聴いてくれる、そんな人がいてくれるだけで心強いと思えます。

繰り返しになりますが、その人が問題点を見いだし、解決に向かっていく過程で、先取りした評価や指示は禁物です。人はややもすると、話を遮《さえぎ》って「こうだったんですね」と言いたくなるものです。そこを我慢し、聴き上手になることです。

人間、自らつかみ取ったものは強く、内から出てきたものは忘れません。反対に、指示され、提示されたものは、よほど心に治まらない限り、その人を変えません。相談を受けると、「言わなくては」「教えなくては」と焦る人が多いのですが、その人が問題点に気づき、立ち上がっていくときに共に考えても決して遅くはないのです。

Ⅱ

相談室の風景

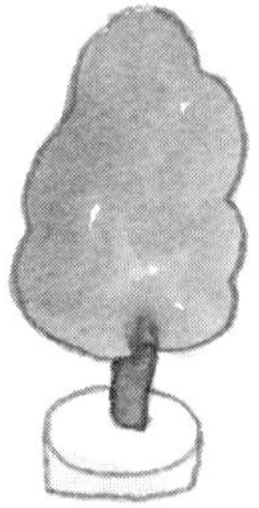

「お母さん、僕、目を開けていいの？」

私が心理臨床の道を歩み始めたころのことです。ある日、「異食症の男の子、二歳四カ月、身体的・発達的には特に問題なく、心理的な問題が考えられます」

との小児科医の紹介状を持って、お母さんに抱かれた次郎くん（仮名）が相談室に入ってきました。異食症とは、普通は食物として食べないものを食べ続けるという症状です。小さな子供でも、情緒障害の一つとして、そういう症状があると知識では知っていましたが、実際に目にするのは初めてでした。

「この子なんです」

お母さんから次郎くんを両腕に預けられたとき、まるで輪切りの丸太ん棒を、ドンと渡されたような固い重さを感じました。

「次郎ちゃん」

と呼びかけても、両目を固く閉じ、石の塊のように身じろぎもしません。

次郎くんは二歳の誕生日のころまでは、発育も早く、活発に動き回り、よくお話しする子だったそうです。しかし、次第に元気がなくなっていきました。同時に、いままで大好きでよく食べていた、お母さんの手作りの食事をあまり食べなくなり、あるとき気づいたら、家のなかの壁土を指でほじくり出して食べたり、庭の砂土を食べたりしていたとのこと。ここひと月ほどは、普通の食事はほとんど取れていないようでした。

その後、次郎くんとお母さんは、小児科への通院の傍ら、相談室に通ってきました。そしてお母さんは、次郎くんの様子を話す合間に、これまでの自分の思いを、ぽつぽつと話されました。

「家は、夫の両親に祖父母も健在の大家族で、長男である夫の嫁として望まれて結婚したんです」

「次郎が生まれたときは、跡継ぎができたと本当に喜んでくれたんですよ」

「みんな可愛がってくれたし、私もうれしくて、一生懸命に育ててきたんです」

「離乳が終わったころから、おばあちゃんが見てやるからと言われて、次郎を任せるようになって……家族の食事や、慣れない畑や田んぼの仕事もあるし、だんだん気持ちが疲れてきて」

「夫は公務員で、真面目で優しい人なんですけど、親思いで、親の言うことに逆らえない人なんです。おじいちゃんもおばあちゃんもいい人なんですけど、昔気質《かたぎ》で……」

と、お母さんの話は続きました。

「砂をかむような思いで暮らしていたのは、私だったのかもしれませんね」

そう話すお母さんの言葉が、いまも鮮烈に記憶に残っています。

三カ月ほど経ったある日、お父さんが仕事を休んでついてこられました。固く閉じていた目を開け、キョロキョロするなど、少しずつ動きだしていた次郎くんを見ていてほしいからと頼んだそうです。

それからは、お父さんも一緒に来られるようになりました。次郎くんを抱っこして二人を守るかのように座っているお父さんのそばで、お母さんが安心していろんな思いを話される。そのうちに、お母さんの表情も次第に明るくなっていきました。

時折、笑いも出るようになったころには、次郎くんも子供らしさを取り戻し、お父さんの膝《ひざ》の上にじっとしていないで、相談室の棚のおもちゃを取りに行ったりするようになっていました。家でも異食はなくなり、お母さんの作った食事を食べられるようになってきました。

じっと目を閉じて、固まっているだけのように思えた次郎くんですが、ずっとお母さんの気配を肌全体で感じ取っていたのでしょう。お母さんの表情が少しずつ明るく

なり、抱っこしてくれる腕や胸の柔らかさ、温かさが戻っていくのを感じるなかで、

「お母さん、もう大丈夫なの？　僕、もう目を開けてもいいのかな。お母さんのご飯、食べて元気になっていいの？」

と問いかけていたのではないでしょうか。母親の思いや気持ちを、あたかも自分のもののように丸ごと取り込み、家族など周囲の空気を心と体全体で受けとめる――小さな子供の心のすごさを教えられた出会いでした。

そのころと今とでは、家族の形も人々の意識も大きく変わりました。しかし、お母さんの心のありようや周りの気配を全身で感じ取り、そのなかで生きる子供の真っ白な心は変わらないのではないでしょうか。

ダイエットから過食症へ

食べることを拒否する、あるいは食べても吐いてしまうという拒食症や、反対に、食べても食べても満足できず、食べることをやめられないという過食症など、摂食障害で苦しむ人が近年、増加しています。以前は思春期の女子に多い病気で「思春期やせ症」ともいわれましたが、このごろは男子にも見られ、また年代層も広がって、三十代で出ることもあります。

太ることを恐れて食事を拒否したり、食べては吐いたりするなど、昔では考えられなかったことでしょうね。「飽食の時代」を反映した病気といえるかもしれません。

あるとき、年配の女性が相談室に来られました。孫娘さんについての相談でした。

「高校二年の孫娘です。中学三年のころから太っているのを気にしてダイエットを始め、体重も六〇キロから一年で三三キロにまで激減、入院までしました。食べ物を見せたりすると怒るなど、いつもイライラしていました。ところが、三カ月ほどして今度は突然、過食状態になりました。最初はカロリーや服のことなどを気にしていましたが、手がつけられないほど間食の量が増えました。アルバイトやスポーツをするなど体を動かす機会を増やしましたが、効果はありません。学校は休まず通い、本人の希望もあって、毎日、おさづけ（病む人に取り次いで回復の守護を願う手立て）を取り次いでいます」

お孫さんの拒食は、中学三年から始まったとか。思春期から青年期にかけては、いろいろな問題が出やすい時期です。この時期、子供たちは心理的に親離れをし、自立していかなければなりません。親に縛られたくない、親から離れたいと思う一方、まだまだ親に依存したい、離れるのは不安だという気持ちも強く、心のなかで強い葛藤《かっとう》が起こっています。特に女子の場合は、初潮に始まる急速な身体的変化を受けとめ、女性としての自分を受け入れていかなければならず、大変です。「食べる」ことは人間が生きていくうえで不可欠なことです。その行動に障害が起きるということは、生きること、大人になっていくことへの無意識的な抵抗や不安の表れとも考えられます。さらに女子の場合、拒食がひどくなると生理が止まることもあります。女性としての成熟、母親になることへの拒否ともいえるでしょう。

摂食障害の女子には、母親との関係にゆがみが見られることがあります。このような場合、娘さんが安心して甘えたり、イライラをぶつけたりできるよう、お母さん自身がまず安定して、ゆとりを取り戻してください。そのためには、ご夫婦の信頼関係や周囲の理解が大切です。

このお孫さんは、ずいぶん頑張り屋さんのようです。時間はかかると思いますが、自分の力で自分の心を整理し、きっとこの難しい時期を乗り越えていくことでしょう。また、病院などでカウンセリングを受けるのも助けになります。心配し過ぎて手や口を出すよりも、信仰を通して安心感を与え、ゆっくり見守ることも大切です。

自慢の息子がどうして？

「息子のことで相談したい」

Ａさんが来室されたのは、ある年の夏の終わり、まだ残暑の厳しいころでした。仕事を辞め、いまは専業主婦をしているという五十代後半の彼女は、身だしなみが良く、物腰もていねい。しかし、その表情には疲れがにじんでいました。

息子さんはその春、大学を卒業して大手企業に就職。Ａさんは、これで親の務めが終わったと、ほっとしていたそうです。しかし、勤め始めて三カ月目に入ったころから、帰宅する息子の表情の暗さが気になるようになりました。

そして七月のある日、家族で夕食中に突然、息子さんが怒りだしました。

「みんな、おまえが悪い」

そう言って、Aさんに茶碗を投げつけようとしました。驚いて、「どうしたの？」と聞いても、「うるさい、おまえが悪い」と言うだけ。

その日はなんとか治まりましたが、以来、何事もない日はあるものの、同じようなことが続き、言動もエスカレートしていきました。

「今日は機嫌がいいんだろうか？ と毎晩ひやひやしています。怒りだすと、『おまえの育て方が悪かった！』とか『なんで、あんな学校に入れたのか』とか、あのときはこうしてくれなかったとか、さらには『なんで、僕なんか産んだんだ』と言うんですよ。小さいときから素直ないい子で、自慢の息子だったんです。この子のためにと一生懸命やってきたのに、それが全部悪かったと言われると、自分がみじめで……。謝っても、なだめてもだめで。物を投げつけたり蹴《け》ってきたり。父親が止めようとしても無理なんです。家のなかは障子も襖《ふすま》もボロボロ。どうしたらいいんでしょう……」

Aさんは、その後もなんとか息子さんの苦しみを理解し、怒りを受けとめようと頑張っていました。しかし、あるとき息子の投げたものを避けようとして転び、腕を骨折してしまいました。

私はそれを聞いて、息子さんと距離を取るよう提案しました。

「そんなことしたら、逃げることになる。母親の私が受けとめてやらないと」

とためらわれましたが、

「もしかしたら、息子さんは〝お母ちゃん、僕を止めて〟と言っているのかもしれませんよ。これ以上、お母さんを傷つけたら、あとで息子さんは苦しまれるのでは」

と言って、家を離れるよう勧めました。

これまでAさんと息子さんの間でオロオロするだけだった夫が、「これからは、俺が代わりに話を聞く。家のことも全部やる」と言ってくれたこともあり、彼女は信頼できる知人宅に身を寄せました。

それでも心配で、昼間に家を見に帰ったり、夫に電話で様子を聞いたりする毎日でした。息子さんは、しばらくは父親に「どこへ逃がした！」と怒鳴ることはあったようです。けれども手を上げることはなく、次第に心の内を話すようになりました。

これまで挫折《ざせつ》知らずでやってきた彼にとって、大企業の組織のなかで思うように評価されない自分に直面するのは、みじめでやりきれなく、母親に当たり散らすしかなかったのかもしれません。Aさんは、そのことを夫から聞きました。

「息子のためにと思ってきたけれど、本当は私の気持ちを押しつけてきただけなのかも……」

夫婦の関係も変化していきました。

「家を出てからのほうが、夫とよく話すようになりました。前は、ただ一緒にいるだけで、取り立てて話すこともなかった。いま夫は、本当に頑張ってくれています。感謝しています」

以前の二人は、「息子のことはおまえに任せていたのに！」「お父さんこそ、何もやってくれなかったくせに！」と、互いを責めることもありました。それがいまでは、感謝し合う気持ちが生まれてきたようです。

家を出て三カ月ほど経ったころには、息子さんも落ち着いてきました。

「お母さんに帰ってきてもらって。悪かった。僕、もう大丈夫だから」

この言葉を聞いて、彼女は家に戻りました。

それから半年ほどして、Aさんから、はがきが届きました。

「このごろは主人とあちこち散歩したりして、ゆっくりと日々を過ごしています」


家を離れている間、Aさんには「自分は息子から逃げているのでは」という思いがずっとあったようです。しかし、時には距離を取ることで、相手を守ることができるのではないでしょうか。

ギリギリまで息子を受けとめようと頑張り、そのうえで離れて見守る。そのメリハリが夫の奮起を促し、息子のいらだちを治めるきっかけになっていきました。

こうしてみると、息子さんのおかげで、夫婦・親子の間に、新たな結びつきが生まれたといえるかもしれません。

うつ病の家族を支える

Ｋ子さんは三十代半ばの主婦です。

うつ病の夫の通院に付き添う彼女に疲れが見え始めたことから、医者の勧めでカウンセリングに通ってこられました。夫は、父親が経営する従業員十人ほどの町工場で、兄ともどども働いているとのこと。乳幼児期の二人の子供がいる四人家族です。

「主人は一年前にも、うつになって。でも、そのときは三カ月ほどで良くなって、もう大丈夫というので安心していたんです。今回は前よりしんどそうで、薬を飲んでもなかなか良くならない。朝、起きられず、頭から布団をかぶって寝ていて、食事もあまり食べてくれないんです」

〝どうしたらいいのか〟という顔つきで話されます。話を聴いていると、K子さんをしんどくさせているのは、うつ病の夫の看病とともに、周囲の人たちとの人間関係のようでした。

「主人は真面目な人で、仕事も責任を持ってきちんとこなします。義父も、長男より夫のほうを頼りにしていたほどなんです。それが、こんなことになって……一番つらくて焦っているのは、あの人なのでしょう。時々『情けない、俺はアカン人間や』と、布団のなかで泣いているのを見ると、どう声をかけたらいいか、一緒に泣きたい気分です」

うつの夫に寄り添うつらさ――いままで人に言えなかった胸の内を話すことで、少しずつ気持ちが楽になっていくようでした。

「子供のことも心配です。幼稚園から帰ってケンカしたり暴れたりすると、あれほど子煩悩《ぼんのう》だった主人が『うるさい！』と怒るので、つい私も『静かにしなさい！』と、きつく叱《しか》ってしまって……このごろは、子供たちもビクついているように思えて」

とのこと。私は、

「お子さんたちに、『お父ちゃんはいま、病気なんだよ。お父ちゃんの病気はゆっくり寝ることが一番大事なの。本当にゆっくり、しっかり寝られたら病気が治るんだよ』と話してあげてください」

と伝えました。子供たちも分かってくれたようで、幼稚園から帰ると、お父さんの枕もとへそっと行って、

「お父ちゃん、ちゃんと寝てた?」

と声をかけ、お父さんも苦笑いしつつ、

「うん、ちゃんと寝てたよ」

と言えるようになっていきました。

「親のことも難しいんです。夫の両親には、医者からこう言われたと、きちんと伝えてあるのに……。姑は今朝も家に来て、止めるのも聞かず、夫の様子を見に行きました。そのことでまた、夫は私に怒るんです」

「姑も夫のことが心配なのは分かるんですが、このごろは何か、嫁の私がちゃんと看病していないから、というような言い方をされたり。工場でも、休んでいても給料はもらってるんだから、代わりに私が手伝いに来たらいいのに、などと言ってる人もいるみたいです」

周囲の理解が得られないなかで、気を使い、焦りも生まれる。その気持ちが夫にも伝わる、という悪循環が続いていました。

その後も夫は、良くなったかと思えばまた寝込む、といった波を繰り返していました。カウンセリングが始まって八カ月目に入るころには、

「もう大丈夫だ。早く仕事に戻らないと」

と、復帰への焦りが出てきました。しかし医者からは、まだ早いと止められています。

K子さんは、

「いっそ、公務員とか会社員だったらよかったのに。そしたら、きちんと休職して、お医者さんがもう大丈夫と言われるまで、ゆっくり休ませてあげられるのに」

と心配そうでした。けれども、そのころには、彼女は夫に、「お父さんが家にいてくれると安心して出かけられて助かる。子供も、帰ってきたらいつもお父ちゃんがいるって喜んでいるし」と言えるようになっていました。ご主人はその数カ月後、職場復帰することができました。

最近は、社会全体でメンタルヘルスへの関心が高まり、企業でも、うつ病の人がきちんと治療して、その後の職場復帰がうまくいくようなサポート体制が整いつつあります。しかし、自営業や主婦などの場合は、うつ病の治療に不可欠な十分な休養と、服薬を続けるには、まだまだ難しい環境にあるようです。

うつ病の人が安心して治療に取り組むことができ、それを見守る家族の方もまた、ゆとりを持って介護していけるような態勢の整備や、周りの人の理解や支援の広がりを願っています。

ずっと一緒にやってきたのに

ある年の秋のこと、ご主人に付き添われたCさん（六十代前半）が来診されました。

「このごろ家内が、私が浮気しているとか、物を隠すとか、おかしなことばかり言って困っています。何か病気なのでは？」

そう言うご主人に対して、

「そんなことない。主人のほうがおかしいんです」

と、Cさんは不機嫌な表情です。

気分が不安定で、不眠がちでもあった彼女は、内科に通院・服薬の傍ら、

「だいぶん、いろんな思いがたまっているようだから」

という医者の勧めで、カウンセリングに通ってくることになりました。初めのころは、毎回のように、

「主人は絶対に浮気しています。夜、組合の寄り合いだとか言って、うれしそうに出かけることが増えたし、コソコソ電話したりする。このごろは、私が出かけようとするとバッグを隠したり、いろいろ嫌がらせをしたりするんです」

夫に好きな女性ができて、自分が邪魔になったに違いないとの訴えが続きました。そして、

「息子や嫁までもが主人の味方について、『お母さん、そんなことない。お母さんもゆっくり何か楽しんだら?』などと言う。みんな、私がおかしいと思って、邪魔にしているんです」

こういう気持ちで暮らす日々は、さぞ、しんどいしつらいだろうと思いつつ、Cさんの話を毎回聞いていていました。服薬の効果もあったのか、Cさんは次第に落ち着いていきました。そして、若いころの話をするようになりました。

「結婚して間もなく、夫と二人で、近所の農家から集めた野菜を売る仕事を始めたんです。リヤカーに野菜をいっぱい積んで、主人が前を引いて、私が後ろから押してね。暑いときも雨の日も頑張って……そのうち、小さな店を持って。一日中、二人で動き回っていました。私は子供の世話や家事もあって。でも頑張ったおかげで、お客さんの評判が良くて。いまでは店も大きくして、いろんな物を扱うようになり、人も使って、息子がしっかり切り盛りしてくれる。やっとここまで来て、さあこれから、という矢先に主人がねえ……」

これまでの苦労を振り返りながら、話し続けました。

その後も苦労話が何度か繰り返されたのですが、私はCさんの語りが少しずつ変わっていくのを感じました。初めのころの、

「本当にあのころは大変だった、しんどかった」

という口調が、次第に、

「大変だった。でも、振り返ると楽しいこともあったし、いつも主人と一緒に動き回っていて、気持ちは満たされていたように思います」

というふうに変わっていったのです。

そこで私は、Cさんの了解を得たうえで、ご主人に会いました。

「奥さまと二人三脚で、これまでずいぶん頑張ってこられたそうですね。奥さまが、そのころのことを楽しそうに話してくださいましたよ。いま奥さまは、ちょっとさみしいのかもしれませんね。ずっと一緒にやってきたご主人に置いてきぼりにされたように思って……もしかしたら、ご主人に甘えたいのかも」

私がそう言うと、ご主人は、

「あの気の強い家内が、さみしいとか甘えたいとか、そんなこと……」

と言いつつも、何かを感じられたようでした。

その後、ご主人は時折、奥さんに「一緒にどこか行くか」などと声をかけることも出てきたようです。

「この前、主人と初めて温泉へ行ってきたんですよ」
という話が聞かれるころには、夫の浮気の話題は全く出てこなくなっていました。

六十代を前にして、定年に達する年齢が近づくにつれ、漠然とした不安や焦りを感じ始める人は多いのではないでしょうか。まだまだ自分は若い、何でもできると思う一方で、気力や体力など、いままで持っていたものがなくなっていきそうな不安、そして仕事や家族、健康など、自分にとって大切なものをなくすのでは、という思いが心をよぎるのだと思います。一番つらいのは、自分がもう必要とされなくなるのでは、という思いかもしれません。

主人がほかの女の人と浮気しているというCさんの思い込みも、結婚以来ずっと一緒に頑張ってきた夫の心が自分から離れていくのでは、という不安やさみしさ、夫にも子供たちにも、もう自分は必要とされなくなった、という孤独感から生まれてきたのかもしれません。

「枠」に守られるということ

S子さんは中学生のころ、親友だと思っていた友人に裏切られたことから、対人関係に過敏になりました。周りの人から自分がどう思われているのか、嫌われたのではないかなどといつも気になって、次第に家に閉じこもりがちになりました。

高校を出てからは、ほとんど外の世界と関わることがなく、家族と、通院するクリニックのスタッフとしか話さないような日々を過ごしていました。

それでも二十代半ばを過ぎたころには、少しずつ自分に自信が持てるようになり、家族の支えもあって、地域のグループ活動に参加するようになりました。しかし、誰も知り合いがいない場は、彼女にとって安心できる所ではなく、最初のころは緊張感のため、二、三時間で疲れ果て、家に帰ると寝込んでいました。

「私が近寄ったら、スーッと避けたみたい。やっぱり私は嫌われているのか」

「おはようと言っても返事がなかった。言わないほうがよかったのだろうか」

グループのほかの人の表情や言動、雰囲気などが常に気になり、気にしだすと、どうしても治まらず、不安でいたたまれなくなります。

気持ちを抑えきれなくなると、S子さんは長年通院しているクリニックに電話をかけて、スタッフに話を聞いてもらいます。そして、

「大丈夫ですよ。心配ないですよ」

と言われて少し落ち着く——といったことを繰り返していました。

しかし、次第に「大丈夫ですよ」と言われても、本当に大丈夫だろうかと気になって、再度電話せずにはいられなくなりました。さらには、「言い方がそっけなかった。いつでも電話してくださいと言われたけれど、本当は迷惑がられているのでは」と、不安に駆られて混乱するようになりました。

そこでクリニックでは、朝夕に一定の時間を決めて、その時間帯なら「いくら電話してもいいですよ。きちんと話を受けとめます」という枠をつくりました。不安定になったとき、すぐに電話できない苦しさはしばらく続きましたが、「約束の時間なら安心して電話していい。ちゃんと受けてもらえる」と思えることで、次第に落ち着きを取り戻し、自分のなかで少しずつ不安な気持ちに持ちこたえられるようになっていきました。

この場合、「枠」がつくられたことで、その枠に守られたといえるでしょう。

私たちカウンセラーは、クライエントとの関係のなかで、

「毎週決まった時間に決まった場所で」

という枠（制限）を持っています。この枠は、カウンセラーとクライエントの両方を守るものであると同時に、二人の関係が、この枠によって守られているのです。

しかし、カウンセリングの場ではない普通の状況では、枠をつくるのは結構難しい

ことです。私たちはしんどい人、困っている人に会うと、つい、

「いつでも、何でも話しに来てくださいね」

「いつでも電話して」

と言いたくなります。しかし、いつでもどうぞと言われると、

「本当にいま、こんなことで電話していいのだろうか」

「迷惑じゃないだろうか」

「どこまで甘えていいのか」

などと考えてしまいます。また、S子さんのように、不安や緊張が強いときには、つい衝動的に動いてしまい、あとで逆に自分が傷つくこともあります。

相手の様子を見て、

「いついつの、何時ごろはゆっくりしているので電話してくださいね」

「いらしてください」

と枠を決めたほうが、互いに安心して、しっかりと相手と向き合えるように思います。

「今日は何時までならいいですよ」

と、最初に言っておくのもいいでしょう。

「しんどいときは、いつでもメールしてと言ったら、一日に十回以上もメールが入って、すぐに返事できないと、またそれを気にしたメールが来て……」

というようなこともあります。

しんどい人の心を余計にしんどくさせないために、自分が受け入れられる容量と相手の方の状況をよく考えたうえで、うまく枠をつくることができたらいいですね。

枠をつくるとか、制限するというと、

「そんな冷たいこと」

「申し訳ない」

などと思われるかもしれません。しかし、枠をつくることで、相手を守れる場合もあるのではないでしょうか。

寝てばかりの息子

三年も浪人生活を頑張って、やっと大学に入った息子のことで、お母さんが相談に来られました。息子さんは二十二歳。

「一昨年の春、やっと大学に合格したのです。それなのに学校へは行きたくないと言って、家でブラブラしていました。そこで、昨年一月から修養科へ行ったところ、その後、学校へ行けるようになり、アルバイトにも精を出していたので安心していました。ところが秋から、また学校へ行かなくなり、毎日寝てばかりいます。学校へ行かないなら働いてくれたらと思いますが、息子は学校へも行きたくないし、働くのも嫌だと言います。どうすれば、やる気を起こしてくれるでしょうか」

お母さんとしては、さぞ心が落ち着かない日々を過ごしてきたことでしょう。浪人中の様子や、それ以前の生育歴などが分からないので、はっきりしたことはいえないのですが、息子さんの現在の状態だけを見る限り、アパシー（アパシー・シンドローム――無気力症候群）ではないかと推察されます。

アパシーは、「スチューデント・アパシー」という言葉がよく知られているように、最初は大学生に多く見られました。ところが最近では、サラリーマンや中高生にまで広がっています。何事にも無気力、無関心、無感動になり、生きがいや目標が見えなくなり、何もしなくなるという状態です。

十分に自発性や積極性を身につけることなく、受け身的に、表面的に適応してきた子供の心が、あるところに来てフッと立ち止まってしまい、動けなくなるともいえるでしょう。

外から見ると、何もしようとせず、寝てばかりで、怠けているように思われるかもしれません。しかし、本人の気持ちの底には、やはり焦りや不安があり、イライラしやすくなっています。また、アパシーの青年には、かつては優等生だったり、良い子だったりした人が多く、自分のプライドが傷つくことを恐れています。

周りの人が何か言えば言うほど、本人の心は傷つき、内にこもってしまうようです。

「何もする気が起きないという息子さんのつらい気持ちを理解し、自然に心のエネルギーが満ちてくるのを待ってあげてください」

とお話ししました。

エネルギーがたまってくれば、少しずつ動けるようになります。動きが出てきたときには、それが勉強や仕事でなくても、受け入れて、認めてあげることが大切です。

こういう状態の息子さんを前にして、ただ「待つ」のは、大変つらいことです。何もしないで待つのは、何かをしてやることの何倍もつらいことでしょう。

「夫婦、家族が心を合わせて、息子さんをゆっくりと温かく包み込む環境をつくってください」

とお願いしました。

ここまで、アパシー状態という前提で、このケースについて述べました。しかし時には、このような無気力、無関心などの症状が、うつ病や精神病状態から生じることもあります。身近に心当たりのある場合は、一度、専門機関を受診することも必要でしょう。最近は、多くの大学に保健センターや学生相談室があります。そうした機関に相談されることをお勧めします。

夫婦でもう一度

三十代のMさん夫妻は、妻の家出を契機にクリニックを受診されました。夫は、数年前から父親の経営する電気店で役員として働いていました。しかし、仕事上の焦りやいらだちなどから、次第に妻や子に暴言を吐き、暴力を振るうようになっていったそうです。それまでにも、夫の暴力や家庭内の葛藤《かっとう》に耐えられなくなった妻が、一時、家を出たことがあったとのことでした。

夫は、妻が家を出たころから体調を崩し、夜寝られない、気力が湧《わ》かず物事を決められない、仕事上のミスが重なるといった状態でした。心配した父親に勧められて、夫婦で受診したのです。

初診時、妻もまた頭痛や動悸《どうき》を訴えました。夫婦ともに疲れていました。将来についても悲観的で、二人とも離婚するしかないと考えていたようです。投薬等の医学的治療と併行して、それぞれカウンセリングを受けてみてはという医者の勧めから、私が妻のM子さんを担当することになりました。

初めのころM子さんは、

「家を出たのは、よくよく考えたうえでのことだったんです。暴力がひどくなって、子供への影響が心配で……。夫が迎えに来るとは思わなかった」

「夫は両親に全く頭の上がらない人なんです。義母は、私への不満を義父に言いつけて、義父に叱《しか》られた夫が私に八つ当たりをする。その繰り返しです。あの家が変わるとは思えない……」

と、夫の家族との葛藤を訴え、家族の問題について、いたずらに妻に当たるのみの夫に対する怒りや諦《あきら》めの言葉が続きました。

しかし、週に一度のカウンセリングが二カ月目に入ったころから、胸の内を吐き出して冷静になり、気持ちに余裕が出てきたのか、だんだんと幼いころからの自分を振り返ったり、いまの家族関係のゆがみがどこから来たのか、どうしたらいいのか、と考えたりするような話題が増えてきました。

「私は一人っ子で本当に大事に育てられたんです。そのせいで、わがままで気が強いと言われるのかも……。夫も私がきついと言います。でも強くなければ、あの家ではやっていけません」

「夫は両親に対しても非常に気を使い、三歩くらい先を考えてものを言う。どうしてそうなったのか。夫は本来のんびりした人だったんです。そう、両親と仕事をするようになってから性格が変わっていった……。夫は最近、仕事で疲れたと、よく言うんですよ」

と、夫のことまで振り返り、気づかう言葉も出るようになってきました。

一方、夫のほうも別のカウンセラーとカウンセリングを続けていくなかで、いろいろな自分の思いを少しずつ整理していったようです。

「いまのチェーン店を一代で築いた父親に追いつこうとして、従業員に甘く見られないようにと、自分にも妻にも過度な要求を課していたのかもしれない」

「私はもともと、自分を抑えてでも友達に優しくするタイプ。家のなかのことも、丸く治まるようにと気を使ってきた。妻にも、そうしてほしくて……。私も妻と親との板挟みでつらかったんです。でも、妻に甘えていたのかもしれませんね」

これまでの自分を振り返ることによって、次第に安定感や自信を取り戻し、衝動的に暴力を振るうこともなくなっていきました。

やがて、三カ月目に入るころから、二人は時間を合わせて一緒にクリニックに来るようになりました。行き帰りの時間に二人でいろいろな話をする機会も増えてきたようです。

「夫はずいぶん変わってきました。怒らなくなった。それで私の気持ちもかなり楽になって、家事も楽しくなって、庭に花を植えたり……」

と夫の立ち直りを受け入れ、夫への信頼も回復していきました。

「夫はこのごろ本当に変わりました。というより、本来の彼に戻ったようです。いま商売のほうが、この不景気でいろいろ大変なんですが、夫は父を立てながらも自分で決断して、人も減らして……。私も夫と共に、というより、自分自身をもう一度試してみたい。どこまでやれるか頑張ってみます」

そして、カウンセリング最終回となった九回目――。

「頭痛や動悸もいつの間にかなくなっていました。両親とも問題なくやっています。自分のなかで何かが吹っきれた感じ。子供も安定している。夫が勉強を見てくれています。私はもともと勝ち気で男性的なタイプ、主人はむしろ女性的で包み込むタイプ。これからもそうだと思う。それでいいですよね」

そう言って、笑顔で帰っていきました。

キティちゃんの家づくり

「プレイセラピー」とは、箱庭や玩具のあるプレイルームで、遊びながら子供の心を癒《い》やし、成長を促す心理療法です。遊び方や会話のなかから、心に抱えたものを読み取るのですが、私自身、子供の遊びをそのまま受け入れて一緒に無心に遊ぶことを一番大切にしてきました。

一人っ子の愛ちゃん（仮名・八歳）は、昼間は元気なのに、「寝る前に一時、全身硬直状態になり、その後吐く」ことが最近三回あったとのことで病院を受診。身体的に異常はなく、原因不明で、週一回のプレイセラピーが始まりました。

初回、お母さんと来た愛ちゃんに、いまの〝三つのお願い（望み）〟を尋ねると、

「クラスで一番になりたい。おばあちゃん（働いている母に代わって二歳から愛ちゃんを育ててきた）に長生きしてほしい。お父さんの会社がつぶれないように」と答えました。三つのなかに、お母さんが入っていません。

木の絵を描くバウムテスト（実のなる木・心理状態や家庭環境や世界観を探るためのテスト）では、A５用紙の左下に〝小さくちぢこまったリンゴの木〟を描いてくれました。彼女の心の世界が垣間《かいま》見えるようです。以下、プレイセラピーの経過を記します。

初回。

「この部屋で五十分間、好きなように遊んでいいよ」

と言うと、すぐに黒板に絵を描き始める。女の子と幽霊の絵。火の玉が飛んでいて、お墓も並ぶ。〝う〜ん〟と思って見ていると、パッとその絵を消して「箱庭」に移る。とても慎重に、砂の上に玩具の動物や樹木を置いていく。出来上がった箱庭は、

「シマウマが草むらにいて、それをライオンが狙《ねら》っているが、サイがたすける。左隅に小さな人が三人、この世界は強い動物が弱いのを食べたりしないところ、だから人間もいられる」

とのこと。

二回目。入室するなり光線銃を見つける。工夫して撃ち続け、的に当たると「わあ」と喜ぶ。内向的に見えた初回に比べ、自分からよく話し、活動的で勝ち気な頑張り屋さんの姿が見えた。

三回目も、しばらく光線銃。

「イライラする」と言ったり、「わあ」と喜んだり、表情が素直で豊かに。その後「リカちゃんマーケット」で買い物ごっこ。愛ちゃんが店員で私が客。お互い、役になりきり、

「う〜ん、晩ご飯どうしようかな?」

「今日は、これが安いですよ」

などと話しつつ、時に二人で顔を見合わせて笑ったり。安心して心が動き始めたのか、〝場面設定〟が変わっていった。

四回目もリカちゃんマーケット。今日は愛ちゃんが客。買い物の後、キッチンセットで夕食を作ってくれる。女二人、おしゃべりをしながら夕食。

五回目。

「今日は何しようかな」

と迷う。光線銃と生き残りゲームをした後、キッチンセットでままごと。愛ちゃんが子供の私に料理を作る。駄々をこねると、

「待ちなさい」

と、かなり厳しいお母さん。

六回目、前半はピッチングゲームなど、エネルギッシュに動いた後、箱庭でキティちゃんの〝家づくり〟を始めた。広い庭のある家に友達のミミィ（私）が訪ねていき、おしゃべり。

「キティは一人っ子で、お母さんは遠くへ行っている。お父さんはいない。キティは勉強家で友人に優しい」

とのこと。

七回目、キティは両親とも外国に行っていて一人暮らし。

「一人暮らしはいいわよ。何でも好きなことできる。さびしくないわよ」

車もブランコも電話もある優雅な暮らしのキティを、ミミィがうらやましがる。

八回目も、一人暮らしのキティ。バイトで買ったという家具や食器を並べる。家のなかに秘密の部屋を作り、

「キティの一人部屋。大きなベッドがあり鍵《かぎ》のかかる部屋」

とミミィに見せてくれる。

九回目では、キティと妹のミミィ、お手伝いさんの三人暮らし。豪華な食事だが、ナイフとフォークで行儀よく食べないとだめなので、ミミィは落ち着かない。

「週末に両親と三人で旅行に行く」

と楽しそうに帰っていく。

十回目は、レストランごっこ。シェフの愛ちゃんが客の私の注文を聞き、料理し、レジ打ちまでこなす。一人でやるのが好きだからと言った。

十一回目、これまでやってきたことを、おさらいするかのように、光線銃、野球ゲームと一人で次々やっていく。今日で終わりかもと思って見ていると、最後にレストラン遊びをし、

「来週から水泳に行くので、今日で終わる」

と言う。

最後の記念に「実のなる木」を描いてもらうと、用紙いっぱいに伸びた大きな木。

「未来の木、私の好きなものが全部なってるの」

と、ドレスやアイドル、マンション、お金などがいっぱいなっている木の絵を残して、愛ちゃんはすっきりした顔で退室しました。

「心」を「受」けてノ（の）をつける

D子さんは二十代後半の女性です。結婚して夫の両親と同居生活に入りました。一年が過ぎたころから、慣れない環境での気疲れもあってか、次第に気持ちが不安定になっていきました。不眠がちになり、イライラした気持ちが強まり、さらには、周りの人が自分をばかにしているのでは、といった被害念慮も出てきました。

姑のちょっとした言葉が自分を非難しているように感じられて、いたたまれず、家を飛び出して実家に戻り、母親に、

「こんなこと言われた、こんなことされた」

と訴える、というようなことが続きました。お母さんは、その都度、

「それはD子のことを思って言うてくれてるんよ」

「それはD子の考え過ぎや」

などと言って、なんとかD子さんの気持ちをなだめて婚家へ戻そうとしました。

そんなことが何度か繰り返されるうちに、D子さんのいらだちはますます強くなり、「どうしてお母ちゃんは分かってくれへんのや。お母ちゃんまで私をばかにしている」

と、母親に手を上げることもありました。


その後、不眠をきっかけに通院を始めたD子さんは、服薬の傍ら、毎週カウンセリングに通ってくるようになったのです。最初のころは、毎回のように「こんなこと言われた」「みんな私が悪いと思ってる」といった訴えが続いていましたが、あるとき、「先生、この間、母に『こんなこと言われた』と言ったら、『そんなこと言われたんか、そうかあ』と言ってくれたんです。その途端、力がスーッと抜けたようになって、カッカしてたのが治まったんですよ」

と言いました。私は、

「そう、良かったですね。D子さんのしんどかった心をお母さんが受けとめてくださったんですね」

と言って喜びました。

その後、波はありながらも、服薬の効果もあって、少しずつ落ち着いていったD子さんは、カウンセリングも終わりというときに、こう話してくれました。

「母に訴えて『そんなことない』と言われると、自分の出した言葉が鉄板にぶち当たって跳ね返されたように感じて……。それでますます言い募って、治まらなくなっていったんです。だけど、母が『そうか』と聞いてくれるとほっとして、ゆっくり話しているうちに、もしかしたら私の思い過ごしかなとか、私も言い過ぎたかもと、少しずつ思えてきたんですよ」

と教えてくれました。

お母さんも、

「もっとよく、D子の話を聞いてやればよかったですね。でも、あのころは私も気持ちの余裕がなくて、なんとかあの子の考え違いを直して、無事に結婚生活を続けてほしいと、そればかりで」

と話されました。


人は皆、誰かに自分の心、思いを受けとめてもらいたいのではないでしょうか。しかし、人の心を受けとめるといっても、どうしたらいいのでしょう。

「いろいろあって大変なんですよ」

「孫のことが気になって……」

「何もする気が起きなくて」

などと話しかけられたら、それがたとえどんなことでも、間違った思いでも、とにかく一度そのまま、

「大変なんですね」

「気になるんですねえ」

「何もする気が起きないの？」

と相手の言葉をそのまま繰り返し、気持ちを丸ごと受けとめてみませんか。

「愛」という字を思い浮かべてみてください。「愛」から、「心」と「受」けるを取ると「ノ」が残りますね。相手の心を受ける聴き方というのは、相手の言葉に「ノ」（の）をつけて聴くことなのです。

真剣に相手のことを思いつつ、「ノ」をつけて聴き続けていくと、相手の心に少しずつゆとりが生まれてくるように思います。そして、心にゆとりが出てくると、D子さんのように「もしかしたら、私の考え過ぎかな」とか「私にも悪いところがあったかも」というふうに、いままでとは違った見方や感じ方が出てくるのではないでしょうか。

しかし、相手の言葉をそのまま受け取って返すというのは、本当はかなり難しいこ

とかもしれません。私たちは、つい相手の言葉に対して、

「でも、それはね」

「そうだけどね……」

と、自分の思いや正しい答えを言いたくなるものです。聞くほうの心に、待つ余裕がないときは、余計にそうなりがちです。


自分の思いや考え、正しい答えを言ってはいけないというのではありません。ただ、そのタイミングを少し遅らせて、相手の心をしっかりと受けとめてからにしてみませんか。

私は周りの人に迷惑をかけている

　ある日、ためらいがちに相談にやって来た一人の女子学生がいました。C子さんです。

「突然、すみません。最近、大学に来るのがつらくて……。なんか不安で落ち着かないし、夜もよく眠れず、大学を休学しようかと……」

「よく話しに来てくれたね。休学については、もう少しゆっくり考えてみましょう」

　私はC子さんと続けて会う約束をしました。

　彼女は、それから何度か「しんどい、もう無理かも」と話しに来てくれました。ある日、思いつめたような口調で、「先生、私の体、臭ってますよね」と言うと、一気に話し始めました。

「先生は私のことを気づかって言われませんが、本当は私の臭いのことを分かっているると思います。私の体のどこからか嫌な臭いが出ていて、そのために周りの人に迷惑をかけているんです。近づくとスーッと避けたり、口を押さえたりするので分かります。高三のころから、なんとなく気になっていたんですが、受験で疲れているせいかと思ってて……。


大学に入って一年目は大教室が多いので、一番隅に座ったりして、できるだけ人と離れるようにしていたから、ずっと気にはなりながらも、やってこれたんです。でも、二年になって少人数の授業も増えたし、どうしても自分の臭いが気になってしまう。周りの人は口では何も言わないけれど、なんとなく私を避けようとしているし、マスクをしてくる人もいる。こんなに人に迷惑かけて、人を苦しめてまで、私は大学にいてはいけないのでは……」

「よく話してくれたね。私には、あなたの臭いは感じませんよ。しかし、あなたが自分の体が臭っていると思い、苦しんできたことはよく分かります。いままで一人でよく頑張ってきたね。女性だから余計つらかったね」

私はこう答えて、彼女の言葉を受けとめました。

彼女はその後も、迷惑をかけている自分の居場所のなさ、しんどさ、つらさを話しに来ました。私は、C子さんの不眠や食欲不振などの抑うつ症状や、不安感の高さも気になり、専門的なクリニックの受診を勧めました。

「こんなこと、ほかの人に話せないし、親にも言ってないので」

と渋っていましたが、私の再度の勧めに受診を決めたようでした。

しかし、次に来室したC子さんが言うには、

「思いきって母親に話しました。父にも分かってしまって……。だけど、二人から『体から臭いが出てるなんて、何を言っているのか。そんなことない。気の持ちようだ』と言われてしまいました」

とのこと。

「そう。お母さんだけにでも、いつか分かってもらえたらいいね」

と答えるしかありませんでした。


それからも親に分かってもらえないまま、我慢してなんとか大学生活を続け、しんどくなると来室するという日々が続きました。彼女いわく「私の臭いを知っていても、優しいので何も言わないで一緒にいてくれる」という友人が何人かでき、その支えもあったようです。臭っているという思いは、なかなか薄れることはなく、インフルエンザで欠席者が増えたときに「みんな、私の臭いのせいで体調を崩してしまって」と泣きながらやって来たこともありました。

そんな居場所のない日々を頑張って卒業したC子さんは、できるだけ人に会わないで済む仕事を探し、就職しました。そこで、真面目にコツコツと働く彼女に、好意を寄せてくれる男性と出会いました。

「あの人は優しいから、臭いのことは分かってるはずなのに、それでもと言ってくれる。でも本当に、私のような者が結婚していいのか」と迷った末に、その男性と結婚し、子供に恵まれました。

「子供は本当に可愛いです。『お母ちゃん！』と抱きついてきて。でもまだ、臭いのせいで近所の人に迷惑をかけているのではと思うことがあります」

無邪気に頼りきってくる子供と、彼女を丸ごと受けとめてくれる優しい夫との生活のなかで、少しずつ、

「私は大丈夫。ここにいて、いいんだ」

という安心感や自己肯定感が彼女のなかに育っていくのを、これからも見守っていこうと思っています。

思春期から青年期にかけては、心が不安定になり、さまざまな形の〝心の病〟が生じやすくなります。Ｃ子さんの「自己臭」のように、そのつらさが、なかなかほかの人に理解されず、本人も心の病気だと思わず、一人で苦しみ、自分を責めている青年

もいます。こうした青年が、少しでも早い段階で、信頼し、安心して相談できる人や関係機関と出会えたらと願っています。

希望を失わず共に居続けること

Ｂ子さんにクリニックで初めて会ったのは、二十年以上も前のことです。三十歳前で迎えた初産の後でした。難産だったこともあってか、出産直後から気分が不安定。何から何まで不安で心配で、子育てをはじめ、すべてを実家のお母さんに頼って、なんとかやってきたようです。しかし、子供が離乳期に入ると、不安はますます強くなりました。

「離乳食の野菜を炊いても、どれだけ炊いたら安全なのか分からなくなってしまって……。煮込んでいる間に鍋を焦がしてしまう……その繰り返しで何も作れないんです。食器を洗っても、どれだけ洗ったらいいのか分からなくて……。水を出しっぱなしにして強迫的に洗い続けて……」

そんな状態だったので、お母さんに付き添われて受診に来たのでした。

このときは乳児連れということで、通院の合間に何度か面接室でお会いしました。そして、「一人娘で、結婚後も実家の母が毎日のように手伝いに来てくれること。夫は商社マンで海外出張も多く、家には寝に帰るだけで、子供のことは自分が責任を持ってやらなければいけないと思っていたこと」などを聞きながら、服薬を続けて少しずつ落ち着いていく様子を見守っていました。

次にB子さんに会ったのは、それから十年ほど経ったころです。

「半年ほど前、久しぶりに買い物でもと街を歩いているとき、急に心臓がドキドキし始め、胸が苦しくなり、冷や汗が出てきて、その場にうずくまってしまいました。どこにも原因は見つからず、精神的なものだろうと言われましたが、それ以来、またあんなことが起こったらと一人で外に出られず、電車やバスにも乗れません」

とのこと。不安発作ということで、投薬と併行して、再びカウンセリングが始まりました。この十年間、B子さんはずいぶん頑張ってこられたようです。

「若いころのあの不安感と強迫症状は、服薬の効果もあって少しずつ治まっていきました。母に手伝ってもらいながらも、子供の世話を自分でできるようになり、その子供が病気ひとつせずに元気に大きくなってくれたおかげもあって、少しずつ自信も戻ってきたんです。子供が小学校に上がったころは、一番落ち着いていました。

でも、そのころから離婚の話が出始めました。私がしんどいときも、ほとんど家にいなかった夫と、少しずつぎくしゃくしてきていたのです。それに、私が自分でできるようになってからも、毎日のようにやって来る母のことが、夫は気に入らなくて。夫の不機嫌な顔を見るのがつらかった。

母に『もう大丈夫だから』と言っても、『そんなこと言っても……』と分かってくれない。夫に『おまえは俺がいなくても、お父さんやお母さんがいればいいいんだろう』と言われ、一昨年、ついに別れたんです」

離婚後、B子さんは、夫への意地もあって自分一人で頑張ってみせると、仕事に出かけ、一人息子の教育にも力を入れ、家事も完璧にとフルに頑張ったようです。しかしそのうちに、大事に育てた息子がそういう年ごろなのか、話しかけても返事してくれない。学校も休みがちになるなど心配が絶えない。そのうえ自分自身も、仕事先の人間関係で傷ついたりして、頑張って走り続ける日々に疲れを感じ始めたころ、あの不安発作があったようです。

「いま一度、ゆっくり自分を取り戻せということかもしれませんね」とB子さん。それから一年余り続いたカウンセリングのなかで、気負わない、自分らしい生き方を探そうとしました。

また、これまで頼りっぱなしだったけれども、このところ老いが見え始めた両親との関係や、親から離れて自立しようとしている息子さんのことなどを考えていきました。

いまも忘れたころに、B子さんから時折SOSの連絡が入ります。これからもきっと、いろいろと課題は出てくることでしょう。しかし、その都度、少しお話を聴かせていただくだけで、あとは一人で考え、悩み、不安を乗り越えていくB子さんを信じて、寄り添っていきたいと思っています。

これまで多くのクライエントさんとの出会いがありました。数回の出会いもあれば、十年、二十年と続いている関係もあります。どのような出会いであっても、いまは亡き恩師、河合隼雄《かわいはやお》先生の言葉、

「心理臨床家にとって一番大事なことは、希望を失わずに、クライエントと共に居続けることです」

を胸に、これからもクライエントに寄り添っていけたらと思います。

【コラム】

基本は本人の力を信じること

ひところ、『いまどきのこども』というマンガ（玖保《くぼ》キリコ著・小学館刊）が話題になったことがありました。子供の心をよく見ているなと感心しました。

たとえば、子供には情操教育が大切だからと、親がクラシック音楽や美術全集を買い与える。しかし子供は無関心で、きれいな星だなあ、と夜空を眺めている。親は、星なんか見てないで音楽を聴きなさい、と。これではどちらが情操教育か分かりません。やはり子育てで大切なのは〝心のゆとり〟だと思うのです。

首都圏の小学生を対象にしたアンケートで、一、二年生の半分以上が、このごろなんとなく疲れやすい、体がだるいと答えたそうです。「疲れを知らない子供たち」なんて、ひと昔前のこと。いまでは塾帰りの小学生が電車のなかで、栄養ドリンクを片手に参考書を開いて肩が凝ると――。

お母さんたちにしても、いきいき生きようとカルチャーセンター通い。時間を有意義に使い、いかにも自分はいきいきと充実しているんだという感じです。実際には、スケジュール表を埋めることに追われて、ふと気がつくと、本当にやりたくてやっているものは何もなかったり、レジャーや観光でも遊びに行くことが目的で、楽しむためではなくなっていたり。

それが、いまの子供たちにも反映しているのです。子供の問題で、いま深刻な不登校。カウンセリングでは、プレイセラピーといって、遊びを通して治療します。遊べなくなっている子供がいかに多いことか。そのほか箱庭療法、フィンガー・ペインティング（絵画療法）などなど。とにかく、子供と一緒に遊ぶことが大切なのです。

基本は、子供を信じること。みんな自分自身で解決していく力、自己治癒《ちゆ》力を持っている。そう信じるから、一年でも二年でも待てるのです。この子は、いつか必ず自分の道を見つけて学校へ行く。いまは悩んでいても、必ず……。

私たちの仕事は、迷路にいる子供が道を見つけられるような、ゆったりした時間を持つために、周りの障害を取り除くことなのです。親がどれだけ子供を信じきり、ありのままを受け入れられるか、です。

不登校は、夫婦や嫁姑の不仲など家庭問題が子供に影響を与えているケースが大半です。でも心配いりません。不登校の子供たちは、いまは寝ているけれども、十分に寝た子ほど、あとで大きな仕事をします。一時そういう問題で苦しんだ子が立ち直ったあとは、実際にすごい働きをしています。解決したケースのほとんどは、子供の学校の成績や社会へのこだわりから親自身がふっきれたとき、不思議にも、子供は自然に学校へ行くようになるのです。

「三年寝太郎」という民話があります。ぐうたらで寝てばかりの少年が、三年目にむっくと起き上がり、誰もできない大仕事をやってのける話です。この昔話は、まさに核心をついています。

現代は情報化社会。一日寝ただけで取り残されるような強迫観念に取りつかれてしまいますが、過大に意識しているだけです。もっと感受性の豊かな子供の宇宙を、一緒に遊泳するようなゆとりを持ちたいものです。

Ⅲ

揺れる思春期・青年期

〝終わらない〟思春期

身体と心の変化のギャップ

思春期とは、どういうものでしょうか。皆さんは、自分の思春期がどんなものだったか覚えているでしょうか。昔も今も、人間は皆、思春期を通って成長します。ところが現代は、昔に比べると、その時期を通りにくくなっているようなのです。

そのことは、最近の病院に「思春期外来」や「青年期外来」といった科が設けられていることからも分かります。かつては、いわゆる小児科と大人の普通の科だけだったのに、その間にわざわざ特別な科を設けなければならないくらい問題が起きているのです。

思春期とは、大人でもあり、子供でもある、そういう時期ではないかと思います。大人として扱うにはまだまだ知らないことがある。子供として扱うにはいろいろなことを知り過ぎている。本人自身も、そういう自分を持て余している時期だという気がします。

「身体《からだ》の思春期」「心の思春期」という言い方をしますが、かつては思春期というと、第二次性徴が起こって、その身体の変化に伴い心が揺れていく。そういうふうに考えられていました。それがどうも最近は、身体の変化と心の変化の間にギャップが生じている。必ずしも連動していないという感じがします。

男の子の場合は、性毛が生えたり、精通現象、すなわち夢精をしたり、自慰を覚えたりといった性的な変化が中学二年生くらいで起こります。女の子の場合はもう少し早く、小学六年生の約九割の生徒で乳房が大きくなります。女の子のほうが、約二年早く思春期に入るといわれています。

第二次性徴だけでなく、身体の成長の速度自体が私たちの子供のころとは変わってきました。いまの子供は、もう中学生くらいになると、母親をはるかに追い越して、父親よりも背が高くなっている場合もあります。このように、世代が新しくなるに伴って身体的成長が早まる現象を、心理学では「発達加速度現象」と呼んでいます。大まかに言って、三十年前に比べて、二年近く早くなっているようです。一方、心の発達はどうかというと、むしろ遅れているというか、思春期がなかなか終わらないのです。

かつては、こうした身体の変化に伴って、思春期の間に受け入れてきた心の変化というものが、いまや大人になってもなかなか乗り越えられない。大学生になっても「ああ、この子、いま思春期やってるなあ」と感じることが多くなりました。さらに、病院で面談する三十代から四十代の奥さんたちも思春期をやっている。「素敵な人いないかしら」とか、「私の人生、こんなことでいいのかしら」などと、いろいろ悩んでいます。大人になっても思春期をまだ持ち越して、そのまま生きている人が増えているのです。

男性性・女性性の自覚

思春期には、どういう変化が起こってくるのでしょうか。たとえば、女の子の場合、いつまでも大人になりたくない気持ちがありながら、その一方で、早く結婚して赤ちゃんがほしいという気持ちがある。あるいは、肉体的に大人に成長して女らしくなっていくことへの、恥ずかしさと戸惑いを感じるけれども、一方では、それが大人になっていくことだという喜びもある。また、そういう性の変化に対して情緒不安定になり、些細《ささい》なことでとてもおかしがったり、少しのことで怒ったり、悲しくもないのに涙が出てきたり。ちょっとしたことで周りがバラ色に見えたり、灰色に見えたり。時には、すべてが嫌になり、自分がどうして生きているのかさえ分からなくなってしまったり。

そういう時期が誰にでもあったはずなのです。男の子の場合でも、私が会ったある中学生は、生えてきた性毛を一生懸命剃《そ》っていました。一つ違いの弟と一緒にお風呂に入っていたので、自分が先に大人になるのを、弟に知られるのが恥ずかしかったそうです。

一方で、「僕は生えてきたぞ。おまえ生えたか」「俺まだや」といった、この時期の男の子ならではのやりとりもあるようです。生えてきてほしいけれども、生えてきたら、それはそれで困るという微妙な感覚。身体の急速な変化に戸惑い、受けとめあぐねて、気持ちが動揺するのです。

この思春期の動揺というのは、生理的に起こる面もあります。よく更年期障害でイライラしたり、滅入ったりするといいますが、あれは生理的な変化です。同じように思春期も、性ホルモンの影響で、否応なく不安定になってしまうのです。

こうした不安定な状況で、「自分は男の子なんだな」「女の子なんだな」という、いわゆる性的同一性を、どう受け入れていくかというのが、この時期の一番大きな課題なのです。

自意識の目覚め

思春期のもう一つの大きな変化は、「自分」という意識が非常に強くなるということです。

「自分って、何なんだろう」

「どうして自分は、ここにいるのかな」

というふうに、自分について悩み始めます。あるいは自分を否定して、「自分が嫌だな」と思いつつも、「だけど私なんだ」と思い直してみたり。自意識が非常に強く、自分をどう見るかということに揺れている時期なのです。自信がなくて自分が嫌、だけど、やっぱり好きで可愛がってほしい、認めてほしいという、両方の気持ちがあるのです。そうやって自分に対する意識が揺れるなかで、少しずつ、

「自分はこういう人間だ」

「こういう大人になっていくんだ」

「自分はこういうことが好きで、こういうふうに生きていくんだ」といった自己概念、自分というもののイメージをつくり上げていかなければいけない時期です。

言葉で言うのは簡単ですけれども、非常に難しいことです。いまの世の中、大人になっても、なかなかアイデンティティーを持てないといわれる時代です。けれども、思春期に、自分というものについて、ある程度しっかりしたイメージを持てるかどうかが、その後に関わってくるのです。

また、思春期は人間関係がガラッと変わる時期でもあります。親から離れて友達との関係が深くなるのもその一つです。親から自立しようとして、親の干渉がわずらわしく感じられるようになる。「反抗期」と呼ばれるのが、この時期です。「第一反抗期」「第二反抗期」などと言いますが、「反抗期」という言葉は大人が勝手につけたものです。子供の側からすると、決して反抗しているつもりはないのです。ただ訳もなく親がわずらわしくなって、親から離れたくなる。一方で、まだまだ親に甘えたい、くっついていたいという気持ちもある。その両方の気持ちがあるけれども、離れなければいけないという思いから、必要以上に距離を取ろうとするのです。わざと突っ張ってみたり、そっけない態度をしてみたり、必死に強がって自分のなかの甘えたい気持ちを押さえ込もうとする。親からは過剰に反抗しているように見えるけれども、子供にしたら、不安な気持ちをなんとか抑えようとしているのです。

親から離れたあとの子供というのは、スカッとしているかというと、決してそうではありません。すごく虚《むな》しいとか寂しいとかいう言い方をします。いままで親と心理的にくっついていた糸が切れたあとの心の虚しさ、ぽかっと心に穴があいたような感じ、そういう虚しさを埋めるために、今度は外に仲間を見つけようとするわけです。かなり無理をして親と離れようとしますから、友達との付き合い方というのも非常に強迫的というか、なかなか自然な関係になりません。

たとえば娘の長電話で、ぼやく人がいます。

「学校でおしゃべりをしてきたでしょうに、帰ってきて一時間も二時間も話をしている」

本人は長電話をすることで、友達とのつながりを実感しているのです。自分には友達がいるということを、そのような形で確かめないと不安でしようがないのです。

あるいは、この時期、どんな友達と仲間になるのか、どのグループのなかに入るのかというのは深刻な問題です。特に中学生の女の子の場合、クラスのなかにいくつかのグループができています。そのなかに入りにくくてモタモタしていると、グループからはみ出してしまう。それがきっかけで、学校に行きにくくなることが非常に多いのです。

こうしたグループは、外に対しては敵をつくることで、自分たちの結束を固めようとするところがあります。ですから、グループからはみ出した子供は、とてもしんどい思いをする。学校へずっと行けないある子供が、

「いまの中学校というのは、ちょっとでも人と違う感覚を持っていたら、とてもやっていけないいんですよ」

と言っていました。みんなと同じように感じて、同じようにしないといけない。男の子にしろ女の子にしろ、付き合い方が表面的になっています。

あるとき、電車に乗っていると、中学生が何人かでワーッと乗ってきて、すごく賑《にぎ》やかに楽しそうにしゃべっている姿を見かけました。よくそれだけしゃべれるなと思うくらいです。

あとで、そのなかの顔見知りの一人に聞いてみると、

「先生、あれだけ会話を続けるのは、実はものすごくしんどいんですよ」

と。彼女は苦労してしゃべっているのです。話がぽつんと途切れてシラーッとでもなろうものなら、もう耐えられないそうです。

表面的に、いかにうまくやるか。

「こんなこと言ったら、嫌われるんじゃないか」

「こんなこと言ったら、おかしいと思われるんじゃないか」

といったことを常に気にしていなければいけない。たくさん友達がいるようでも、

「本当の友達はいない。親友はいない」

という中学生が多いのです。

「いのちの電話」というのがあります。電話をかけてくる人の半分近くは、思春期の子供たちだそうです。特に男の子が多いのですが、大抵は性の相談です。自慰をし過ぎたら頭が悪くなるんじゃないかとか、そういう相談がたくさんかかってくるといいます。「いのちの電話」に、です。かつては、そういうことは友達同士で情報が伝わって、それなりに解決されていました。いま、友達間のつながりが、建前だけの関係になってしまっている。親から離れるのはよくても、離れた先での友人関係がなかなか難しいということです。

思春期の病理

いま見てきたように、人間には思春期の間に身につけておかなければいけない発達課題があります。それは次の三つです。

一、自分の性的な同一性をつくって自己概念をつくり上げる。
二、親離れをする。
三、友達との関係を確立する。
しかし、子供たちを取り巻く状況が昔よりも難しくなっていて、これらの発達課題を乗り越えられない場合がある。それで、次に挙げるいろいろな思春期の病理が起こってきます。

摂食障害

「拒食症」や「過食症」のことです。かつては思春期の女の子に多いといわれていましたが、最近は子供から大人まで幅広い層で見られます。男の子にも出てきています。

「先生、いま僕は恋しています。どうしたらやせられるでしょう」

とダイエットを始めた男の子がいました。世の中、変わってきたなあと思います。

拒食と過食、食べない食べるというのは、結局は裏表で、病理としてはほとんど同じだと考えられています。端的に言えば、大人になることへの不安、成熟拒否と言いますが、大人になりたくない、大人になることへの戸惑いに起因します。女の子の場合、食べないでガリガリになって、体重が四〇キロを割ってしまうと、完全に生理が止まります。生理が止まって二カ月、三カ月経つと、身体が元に戻りにくくなり、母親になれなくなる。そういう形で、自分が女になることを拒んでいるのです。

不登校

不登校ですが、学校へ行けない子供たちも、結局、仲間づくりがうまくいかなかったり、あるいは自分というものに戸惑ってしまったりで、先ほど挙げたような発達課題と関係してくる子供が多いと思います。

対人恐怖症

これは特に思春期に多いのです。人が気になる、人の目が気になるということです。

中学生のころ一番多いのは「視線恐怖」です。思春期のころというのは、人にどう見られているのか、どう思われているのかが、すごく気になる。それが高じると、いつも人に見られている気がする。教室にいても、電車に乗っていても、街を歩いていても、誰かに見られているような気がする。

視線恐怖の子供が一番しんどいのは、大人や子供の視線ではなく、同年齢の人たちの視線なのです。少し知り合いくらいの人の視線が一番しんどいといわれています。全く知らない人の目というのは案外気にならない。だから、街なかや、よく知っている家族の視線などは別になんとも感じません。

ただ、同級生や同世代の視線が一番気になるということは、基本的には、仲間のなかでの自尊心やライバル心があって、どう受け入れられるのか、どう見られているのかが気になっているということなのです。

視線恐怖くらいならいいのですが、最近は視線恐怖が高じて、

「自分の視線が人を傷つけてしまう」

「私が見ることで、あの人に嫌な思いをさせた」

「人に不快感を与えている」

といった思いで本人が苦しむケースもあります。また自分の体の臭い、自己臭という
のが原因で、

「自分の体から嫌な臭いが出ていて、周りの人が嫌な思いをしている」

と思い悩むケースもあります。自己臭症の子供は、何でも自分の臭いと関係づけるの
です。たとえば、誰かがクスンと鼻をすすると、

「あの人、私の臭いで鼻をすすった」

とか、誰かが目をこすると、

「ああ、私の臭いで目にアレルギーが現れた」

というふうに、自分の臭いと関係づけて自分を責めるのです。そういう対人恐怖の病
理が、いま思春期に重症化しています。

強迫神経症

強迫神経症の子供も増えています。いろいろな種類がありますが、何かが非常に気になってやめられないとか、いろんな行為や考えが頭にこびりついて、やめないといけないと分かっていてもやめられないというのが、この病の特徴です。高所恐怖や先端恐怖なども強迫神経症に入ります。

いまの子供たちの、思春期に出やすいのは不潔恐怖です。きれいじゃなきゃいけない、汚いものを排除するという世の中になってきているせいもあるのでしょうか。

ある子供のケースでは、お金に触れられない。五十円玉や百円玉は、親に熱湯で消毒してもらってからでないと持てない。お札も、ちゃんと洗います。親が洗ってアイロンをかけて、やっと使えるのです。使ってしまうと、次の日また別の新しいのを用意しないといけない。そういう観念で子供が苦しめられているのです。

あるいは、しょっちゅう手を洗う。外から帰ってきたら、玄関にお母さんが熱湯を入れたたらいを用意していて、服を全部脱いでそこへ入れないと家に上がれない。親も疲れますけれども、子供も疲れます。そういう例を挙げていたらキリがないのです。そういうのが強迫神経症です。

非行

非行に走るといわれている子供たちを見ていると、居場所がなくなっているように感じます。学校からは、落ちこぼれという形で授業についていけない、学校へ行っても面白くない、居場所もない。そして、家へ帰っても居場所がなく、非行グループのほうに入っていく。非行グループや暴走族の子供と話したことがありますが、暴走族の仲間のもとへ行くと、ほっとすると言うのです。

「そこへ行ったら、おう来たかと、仲間が迎えてくれる。ああ、自分がいられる場所はここだけやな、という感じがして、そこにいるときだけ落ち着けるし、一体感がある」

と言うのです。現代社会のなかで、家庭や学校で居場所をなくした子供たちが、そういう安らげる場を求めて非行に走っているのではないかと思います。

自殺

最近多いのはリストカッティングです。手首のところを安全剃刀《かみそり》でスパッと切る、こういう子供たちに会いますけれども、その瞬間は何も考えていないといいます。「気がついたらカミソリを当ててた、全然痛くないですよ。先生、やってみたら」と。大抵それとなく絆創膏《ばんそうこう》を貼っています。「そこ、どうしたの？」と聞くと、「家の猫と暴れていて」などと言い訳をします。「あなたのところの猫は、器用に縦に爪で掻《か》くの？」と言うと、「うーん、ちょっと夕べ、やっちゃった」と、ぽつりぽつり話し始めるのです。見える所を切るというのは、〝分かってほしい〟ということです。

「私、こんなにしんどいんだ」

「本当は死にたいくらいなんだ」

などと、いろんなことを訴えているのです。それをどれだけ親や教師が敏感に感じることができるかどうかなのですが、なかなか分かりません。

思春期というのは、とても不安定になる時期で、誰でも一度は、なんとなく死というものを考えてみたり、憧れる気分になってみたりするものです。皆さんにも、そういう時期があったのではないでしょうか。中学生くらいのとき、どういう死に方が一番楽だとか、そんな話題になったことがあるのではないでしょうか。

いまの子供たちにももちろんあって、雪国で睡眠薬を飲んで雪の下で死ぬのが楽だ、ということになったそうです。けれども「あれは後日、捜索費用がすごくかかるんだよ」と言うと、その子たちは「ああ、そうなんですか」と言っていましたが。

どうして死に憧れるのでしょうか。結論から言うと、現実逃避、嫌なことから逃げようとしているのです。「学校が面白くない」「生きていても仕方ない」と、いまの子供は現実から逃げてしまおうとする感じがあります。あるいは、占いやおみくじ、超能力などといったものにすごく惹《ひ》かれる年ごろでもあります。

先に述べたリストカッティングですが、それで死ぬことはほとんどありません。

「まあ、どっちみち死なないわ」と思っている。ところが、本当に死んでしまったりすることがあります。

今も昔も、子供たちの自殺の数はほとんど変わっていません。しかし昔に比べると、年齢がどんどん若くなっている。かつては、自殺は青年期、大学生くらいの特徴だったのですが、近年は小学校の高学年が増えてきました。

親が自分の思春期を振り返る

このような難しい問題が出やすい思春期というものを、私たち大人はどうしていけばいいのでしょうか。まずは自分のときはどうだったか、もう一度振り返ってみてはいかがかと思います。

その手がかりの一つとして、若いころに読んだ本を読み返してみるのもいいでしょう。たとえば、好きだった詩集のページを開いてみる。あるいは『赤毛のアン』などは、女性では読んだことのある人が多いのではないでしょうか。

一時期、「赤毛のアンを訪ねよう」という海外旅行がブームになりました。カナダへ行ってアンの生家を訪ねる。そこへ行っている大半は三十代や四十代の女性です。かつての自分の若いころを、もう一度味わいに行っているのでしょう。

また、自分の子供たちがやっていることを一緒にやってみる、遊んでみるというのも一つの方法です。子供たちが読んでいる漫画を一緒になって読んでみるとか、ゲームを一緒にやってみるとか。大人になると、なかなか無邪気に遊べなくなります。相談に来るお母さんのなかに、

「子供がゲームばかりして困ります。もう二時間も三時間もやって、いくら言ってもなぜやめないのでしょう」

と困り顔で言う人もいます。そんなお母さんには、

「いくら言ってもやめないのだったら、お母さんも一回やってみたらどうですか」

と助言するのです。そのとき「やってみましょうか」と答えるお母さんは有望です。

「もう、何を言ってるんですか、先生まで。ゲームなんかやってはいけないんです」

と言うお母さんは、あまり変わらないなと思って諦《あきら》めます。

やってみるとすごく面白いようです。それで、「ああ、こんなにやめられないものか」ということが分かれば、「子供にやめなさいと言うだけでは無理だなあ」ということが分かります。

あるお母さんが、あまりにも面白くてゲームに夢中になっていたら、今度は子供が相談に来ました。

「先生、困ります。あんまり母に変なこと言わないでください。あれから、ご飯を作ってくれません」(笑)

別に子供に媚《こび》を売るという意味ではなく、頭ごなしに否定しないで、たまには子供の世界に入ってみる、分かろうとしてみるということです。親たちが、自分自身の思春期を振り返りつつ、いまの自分というものをどう見るのか、どうとらえるのかということです。

親の思秋期、子の思春期

思秋期。秋を思うころですから、大体三十代後半から四十代、五十代あたりまでを指して、思秋期という言い方をします。これまで述べてきた通り、思春期というのは、しんどいものだという話をしてきました。思春期は確かにしんどい。けれども、人生の一番盛りの夏へ向かうための難しい時期、それを乗り越えたら人生の夏が来る。そういう楽しみがあります。

しかし思秋期は、秋が過ぎると冬。ある意味では、非常にしんどい課題に立ち向かわなければならない。自分の親が年老いていったり、病気になったり、あるいは親が亡くなったりするのを、身近で看取《みと》らざるを得ない。そういうなかで、自分自身がどう老いていくか、人生というものを、どうまとめていくかということを、否応なく考えざるを得ない時期なのです。

また、女性には「空の巣症候群」というのがあります。鳥が一生懸命に巣を作り、そこで卵を産んで雛《ひな》がかえり、巣立っていって、空っぽの巣になった。その空っぽの巣を、親鳥がボーッと眺めている、というところから来た言葉です。ちょうど、そういう感じになりやすい時期なのです。子供たちは離れていく。親が何か言うと、「うるさい」と言って親の手から離れていく。夫はちょうどそのころ、仕事が一番忙しい時期で、なかなか自分のことを相手にしてくれない。自分ひとりだけ、何をやっているんだろうという感じで、昼間ぽつんと取り残されてしまう。〝午前十時の憂鬱《ゆううつ》〟という言葉もあるように、みんなが出払って、ぽつんと一人でいるときの心の虚しさ、憂鬱感というものに陥りやすい時期なのです。

男性のほうも四十代くらいになってくると、仕事そのものは非常に忙しく、働き盛りではあるけれども、一方で、もう先が見えてくる。あと何年働いたら定年だとか、退職金はどれくらいか、退職金で家のローンの残りを払い終えて、子供を結婚させたら、あとはこれくらい残るな、などと全部分かってきます。そうして「俺、何のために、こんなにがむしゃらに働いているんだろう」と虚しくなるのです。

思秋期は、男性も女性も心にぽっかりと空洞ができる時期です。そういう〝親の秋〟と〝子供の春〟が、ちょうど重なって表れてくるのです。子供が思春期のころは、親は親で思秋期のころ。子供も親も揺れている。どちらも揺れるから、家のなかは大揺れになってしまう。子供にとって、揺れている親は虚しい。ですから、子供の揺れをしっかりと受けとめるために、まずは親自身が、思秋期のときに自分自身、あるいは家というものを再構築することが大切だと思います。

親自身が自分の生きてきた過程を見直す。それまでは、お父さん、お母さんという役割で結ばれていたのを、夫と妻として、もう一度見直してみるのも課題のひとつといえるでしょう。親が安定していると、子供はうれしいのです。安定した親が、どっしりとしていてくれるということで、子供たちは安心していられるのです。

小さな子供が公園などで遊んでいるのを見ていると、ベンチに座っているお母さんのもとを離れて勢いよく走っていく。お母さんが「危ないよ」と注意しても、子供は走りながら途中でチラッと後ろを振り向いて、「ああ、お母さんいるな」と思うと、ニコッとしてまた走っていく。振り返ったときに、いつでもそこに親がいてくれる。子供はそれだけでいいのです。親がいてくれるだけで、子供はまた安心して出ていける。丸ごと見守っていてほしいのです。

子供の気持ちをどう受けとめるか

子供のなかにある、甘えたいという気持ちと離れたいという気持ち、頼りたいという気持ちと構われたくないという気持ちを、両方丸ごと受けとめてやる。それがどうもうまくいかない場合というのは、自分の大人の部分を出して大人になろうとしているのに、親はつい、その子のなかの子供を見てしまうことが多いのです。危なっかしさを感じてしまい、ちゃんとこうしなさいよとか、あんたはそう言うけど甘いよとか、いろいろ言いたくなる。子供がせっかく大人の部分でやっていこうとするときに、子供の部分で声をかけてしまったり、手を出してしまったりして、逆に子供が本当に甘えたいとか、ほっとしたいとか、受け入れられたいとか思ったときに、親はなかなかそれを感じ取れないのです。

そういうお母さんが、いま増えています。この子は反抗期だから放っといたらいいんだとか、あんまり手をかけたらいけないんだとか、いまの親は頭ではよく分かっているのです。分かり過ぎて、子供のなかにある、まだまだ甘えたい気持ちや、子供が体や心で訴えてくるものを、受け取りにくくなっているような気がします。

どうやって、その甘えたい、依存したい気持ちを受け入れればいいのかということですが、私の勤めている病院では「川の字療法」というのをよく行います。両親の間に子供を入れて一緒に寝るのです。子供が小学校に入るくらいまでは、そういう家庭が多いだろうと思います。その時期を過ぎると、子供だけで寝かせてしまうけれど、思春期の子供のなかには、もう一度、川の字になって寝てみたい気持ちがあるのです。

対人恐怖や強迫神経症などの病理で深刻な状態にある子供は、今日から一緒に寝ようかと言ってやると、ほっとした感じで両親と枕を並べます。両親の間に挟まって寝るだけですが、それを一カ月ほど続けていると、ずいぶん子供が落ち着いてくる例が多いのです。

要は、離れたい気持ちを尊重すると同時に、本当に大人になって離れていく前に、もう一度しっかり結びつきたい、甘えたいという気持ちを、どこまで受け入れてやれるかです。

父親の存在については、これも最近言われることですが、一人の人間として、思春期のころの子供に、どこまでどう向き合えるかということが問われます。男の子にとって、特に思春期のころは〝強いお父さん〟を求めていると思います。ある子供は、「うちの父親は、もう何を相談しても無理ですよ。『おまえがいいようにしろ、おまえの考える通りにやれ』と言うんです。ちょっと聞けば、すごくかっこいい。子供の自主性を尊重しているように聞こえるけれども、あれは父親の責任を回避しているだけだ」というような言い方をしていました。

やはり子供としては、ここはこうなんだ、こうしたらいい、こうしろよと言ってほしいのです。特に父親には、しっかりと意見を述べてほしいと思う時期でもあるのです。それがどうも、最近の父親はそうしないで、母親と一緒になって「勉強しているか」とか、「テスト何番やった?」とか、こまごまと言う。お母さんよりもお父さんのほうが、子供を大きく見られていないという感じがします。

子供の問題は社会への問いかけ

昔も今も、みんな思春期、青年期を通り過ぎてきているのに、なぜ今日、こんなに問題が出てきているのでしょう。大人になることが難しい社会、ということがいわれます。しかし、大人になるというのは、昔も大変なことだったわけです。大変だったからこそ、昔は元服式がありました。未開地域では、いまも割礼などのイニシエーション（通過儀礼）があります。人間にとって、心が子供から大人になるというのは大変なことだからこそ、いろいろな儀式でそれを乗り越えようとしたのです。かつて私が子供のころ、田舎には青年団という組織がありました。一定の年齢になったら青年団に入るんだ、僕は大人になるんだ。そういう昔からの風習や制度というものが、今日の社会では崩れてしまいました。

また、子供が抱く大人に対するイメージも変化しました。私たちの小さいころは、「早く大人になりたい」とか、「大人って、かっこいいな」「大人って大きいな」というような憧れの意識があったように思います。いまの子供は、大人になりたいと思わないのです。大人になりたくない、大人はかっこよくない。子供にとって、なりたいと思うような大人のイメージが、いまの世の中になくなってきていると感じます。

男性性や女性性ということにしても、昔は楽でした。女はこういうふうな生き方をする、男はこうあるべきだと、ある程度はっきりしていた。いまは価値観の多様化によって、誰もがどんな生き方もできるけれども、逆に、一人ひとりが自分で生き方を考えなければいけない。女性でも結婚しないでいいし、子供を産まないでもいいというように、いろいろな生き方が選択できる時代です。

男と女の区別も曖昧《あいまい》になってきています。男の人がイヤリングをつけてみたり、女性が男性っぽい格好をしたり、後ろから見たらほとんど分かりません。男性性、女性性、それぞれのイメージが曖昧になってきて、子供から見て、まねをする〝モデル〟になりにくいのです。

子供たちの「大人になりたくない」という言葉はまた、「自分たちが大人でいたいような、生きていきたいような社会じゃないじゃないか」ということも訴えているのではないでしょうか。

子供たちと面談していて思うのは、彼らが出してくる問題は、大抵どれも家の問題であったり、親の問題、学校の問題、そして社会の問題であったりするということです。大きく言えば、社会全体にゆとりがなくなっている、イライラしている。いま、小学生の子供もストレスという言い方をします。「何がストレスなの？」と聞くのですが、「ただ、もうなんとなくストレスなんだ、疲れてる」と。

都内のある小学校で、一年生の子供にアンケートをしたら、半分近くが〝しんどい〟と答えたそうです。「朝起きにくい」「なんとなく疲れる」「寝つけない」。どれも小学一年生が言うことだろうかと思います。小椋佳《おぐらけい》の歌に「〽疲れを知らない子供のように」という歌詞がありますが、いまの子供たちは疲れています。何か目に見えないものに、圧迫されている、追われている。それはやはり、大人たちがつくり出してきたものなのでしょうか。

では、いまの社会をどうしたらいいのかと問われても、特効薬はありません。ただ言えることは、

「みんなどこかで、もう少しゆとりを持ちませんか」

ということでしょうか。皆さんだって、何かに心を急《せ》かされて、追われて生きていませんか？　何かしなきゃいかん、勉強しなきゃいかん、もっといきいきと生きなきゃいかんと。

もっとゆとりをいっぱい持って、ボーッとしている時期も大事じゃないか、という気がします。

【コラム】

母の〝ぬくもり〟

ある二十代前半の女性。昼間は元気にアルバイトに行っています。しかし夜になって、お母さんの姿が見えないと気持ちが落ち着かなくなります。寝つくまでの一、二時間、お母さんにそばについていてもらわないと、どうしても眠れないという日々が続いています。

ある夜、お母さんが祖母の急病でひと晩、家を留守にしたとき、なんとか自分で頑張ろうとしながらも、どんどん不安が高まっていき、ついに夜中にパニックになり、お父さんに暴力を振るってしまいました。お母さんを一度くらい、自由に一泊旅行にでも行かせてあげられたらいいのに、私のせいで申し訳なくて……と言いつつ、どうにもならない自分の心に苦しんでいます。

別の女性で二十代半ば。一年余り外へ出られず家にこもっていましたが、先日やっと病院のハイキングに参加できました。しかし、その日は一日中、お母さんの手をきつく握りしめたまま、一度も離すことができませんでした。

訳の分からない不安感で心がいっぱいになり、大声で叫びだしそうになるとき、お母さんに背中や胸をさすってもらうことで、やっと落ち着いていられるという青年もいます。

このところ、以前にも増して、こうした人に会うことが多くなりました。多くの場合、前はしっかりした子で、親から見て安心できる子だったのにと言われます。

そうした人が、何かを契機に心が弱り、自分でもどうしていいか分からない不安感や動揺、緊張状態に陥ったとき、求めるものはお母さんであり、お母さんの手のぬくもりなのでしょう。お母さんにくっついていること、お母さんの手を握りしめていることで、ようやく自分の心が保たれているようです。

自分のなかに拠《よ》り所をなくした心は、母に抱きしめられることによって、やっと安心し、その安心感のなかで少しずつ傷ついた心が癒《い》やされ、自分を取り戻していけるのでしょう。

母の力、母性の力の大きさを実感します。それと同時に、自分よりも体の大きい息子や娘につきまとわれる日々のなかで、苦しみ、疲れ果て、それでも自分を求める子供の心を受け入れようと頑張り続ける、お母さんたちの支えや拠り所となる人や場が、もっとあったならばと思います。

「不登校」に寄り添う

学校へ行けない子供が増えている

学校へ行けない子供がいま、増えています。大学や病院の相談室での子供に関する相談の大半は、学校へ行けないというものです。「行かない」のではなく「行けない」のです。その多くは、

「行かなきゃいけないと思っているけれども行けない」

という状態です。これに対して、親は、

「どうして行かないの？」

と問いかけます。けれども、そう聞かれても本人も分からない、答えられない。それ

が、いわゆる〝登校拒否〟の実体なのです。

登校拒否という言葉は、かなり誤解されています。拒否しているわけではないのです。本当は行かなきゃいけない、行きたいと思っているけれども行けない。子供たちの心や体が拒否しているという意味では、そういえるかもしれません。けれども、自らの意思で拒否しているわけではないのです。それゆえ、私は登校拒否ではなく、「不登校」という言い方をしています。

子供たちは、なぜ学校へ行けないのでしょう。ある子供に、

「どうして行けないのかな？」

と尋ねたら、

「どうして行かなきゃいけないの？」

と問い返されました。皆さんは、どう答えるでしょう。子供にそう尋ねられると、親は必死に答えを探します。

「義務教育でしょ」と答えるでしょうか。ちなみに、義務教育という言葉の意味を、

大人は誤解しているところがあります。日本の憲法や学校教育法には、子供には教育を受ける権利があり、大人や社会には、その権利を保障して教育を受けさせる義務がある、とあります。つまり、義務は子供にあるのではなく、大人や社会にあるのです。

切羽詰まって、

「みんな行ってるでしょ」

と言ったとします。でも子供に、

「みんな行ってたら、どうして行かなきゃならないの？」

と聞かれたら、返事に困ってしまうのです。

不登校の六つのタイプ

不登校といっても、子供一人ひとりによって状況は全く違います。学校へ行けない理由も、子供の性格も、その子を取り巻く環境も違います。どんなタイプがあるのか、文部科学省が統計に用いる分類に従って見てみましょう。

一番目は「学校生活上の影響」の型。たとえば、「学校の友達関係で傷ついた」「いじめに遭った」「先生との関係がうまくいかない」「勉強が遅れてついていけない」などといった理由によるものです。

二番目が「あそび・非行」型。かつては退学型といわれたもので、怠けていて学校へ行けないというものです。

三番目が「無気力」型。なんとなく無気力、元気が出なくて遅刻する。先生が迎えに行くと登校するけれども、すぐに帰ってしまう。全体に無気力な感じで学校生活が続けられないというものです。

四番目は「不安など情緒的混乱」の型。不登校の大半が、このタイプだといわれています。子供自身にも分からない内的な不安感がある。心のなかに漠然とした不安があって、そのために情緒的に混乱して学校へ行けないというものです。

五番目は「意図的な拒否」の型。これも中学生、高校生あたりでは、かなり増えています。自分で積極的に、「いまの高校には行かない。高卒認定試験を受けて大学へ行くんだ」といったタイプです。

そして「複合」型。いま述べた、いろいろなタイプが混じっているものです。

そのほか、うつや神経症、統合失調症といった、精神障害のために動けないタイプ。あるいは、経済的な理由や家庭の問題、家族というものがないために学校へ行けないなど、いろいろなタイプがあります。

このように分けてはいますが、一人の子供のなかにいろいろなタイプが入っている、あるいは一番目から六番目までのタイプが移り変わっていくこともよくあります。あくまでも、こういう分け方ができるということです。

以上のことを踏まえて、これから先は、不登校の大半を占める四番目の「不安など情緒的混乱」型の子供たちのことを中心に話を進めたいと思います。

感受性の鋭い子供たち

子供たちが学校へ行けない状態に至るまでには、いろいろな背景や原因など問題が

重なっています。けれども、学校へ行けなくなると、まず最初に、

「わがままだ」

「甘えている」

「辛抱が足りない弱い子だ」

などと言われます。もちろん、そういう場合もあります。しかし、こうした子供たちに共通しているのは、感受性が鋭いということです。普通の子供だったら見過ごしてしまうものを見過ごせないのです。心が優しいともいえますが、その優しさが、かえって弱さになってしまうことがある。大多数の子供のように開き直れない、反発できない、自分をごまかせない。そういう感じがします。


もうひとつ多く見られるのは、完全癖の強いケースです。何でもきちんとしないと気が済まない。たとえば、宿題をきちんとしていないと学校へ行けない。不登校になるまでは良い子であった、というケースが多いようです。ただ、これも簡単には決めつけられません。いろいろなタイプの子供たちがいます。

そういう子供たちの性格の背景には、両親の育て方、家庭の雰囲気、あるいは親自身の持っている性格傾向などの影響があり、さらに、なんらかの原因ときっかけがあって、学校へ行けなくなるわけです。

その原因として一番多いのが、子供同士の人間関係です。次が、学校の雰囲気の問題。三番目が、いじめの問題。これは一番目の子供同士の人間関係とも重なります。それから、学業の問題と続きます。

一番目の子供同士の人間関係について、もう少し詳しく見てみましょう。小学生であっても、子供同士の付き合いには、ものすごく心を配っています。小学校高学年くらいになると、特に女子は、

「こんなこと言ったら嫌われないか」

「こういうふうに振る舞わないと、クラスのみんなに悪いんじゃないか」

などと、良い人間関係をつくるために、ものすごく気を使っています。子供の間にも、「明るくて、人気があって、お友達がたくさんいて、優しくて」といった理想の子供

像みたいなものがあって、それに合わせようと必死になっているのです。うまく適応していけなかったり、自分はほかの子と違うなという感じを持ったりすると、たちまちついていけなくなります。

友達関係について、もう少し細かく見ていくと、そのなかで不登校の原因として多いのは、

「同級生からいじめを受けて学校が怖くなった」
「グループ学習や団体競技で同級生からいじめられた」
「人がいじめに遭うのを見て学校が怖くなった」

といったものです。やはり、いじめが大変な問題であることが分かります。

そのほかに、

「友達ができずに学校がつまらない」
「仲間はずれにされて学校がつまらない」
「同級生となじめない」

といった答えが多くなっています。

子供たちの経過

多くの不登校の子供たちを見ていますと、かなり共通した経過をたどっています。大まかな流れは、まず前兆があって、次にすごく荒れて、閉じこもって、回復して、また登校するというものです。

「不登校になる前に、何かサインはないですか?」と、先生や親から、よく尋ねられます。しかし、これが非常に難しいのです。あとになってみると、「そうだったのか、こんなところで苦しんでいたのか」「こういうサインを出していたのだな」と分かるのですが、それは後になって分かることであって、最初はなかなか分かりません。

あるとき急に学校を休み始めるタイプの子がいます。この場合、ほとんどサインは現れません。かつては「良い子の息切れ症候群」と呼ばれていました。すごく良い子だと思われていた子が、急に学校へ行けなくなるのです。親が、

「弟や妹の面倒もよく見てくれるし、言うことはよく聞く。この子だけは安心してられるな」

と思っていた子や、教師から、

「非常に手がかからない。勉強はよくできるし、クラスのまとめ役をやってくれる。安心して任せられる」

と思われていた子が、あるときパタッと動けなくなる事例がかなりあります。

大人になっても、同じようなことがあります。「燃え尽き症候群」という言葉を聞いたことはないでしょうか。サラリーマンとして仕事を頑張っていたと思ったら、あるとき、ろうそくの火が消えるように燃え尽きてしまう。あまりにも頑張り過ぎて、早く息切れしてしまうという傾向があります。

このように、「良い子」が維持できなくなって急に息切れしてしまう子供は、それまでの自分のイメージが崩れてしまうのです。たとえば、中学校ではクラスで一、二番の成績を取っていた子供が、高校での最初の中間試験で順位がガタッと落ちることがあります。高校では同じレベルの子が集まってきますから、当然、そういうことが起こり得るわけです。けれども、その変化を受けとめられずに、「優等生だった自分」のイメージが崩れてしまい、自分というものが分からなくなってしまう。こういう場合、かなり長い時間をかけて、崩れてしまった自分を一段ずつ築き直していかないと、次に動き出すことはできません。

次に、次第に休みがちになるタイプの子がいます。この場合は、かなりいろいろなサインが出ています。身体《からだ》に現れる場合と、心理的な兆候として現れる場合とがありますが、大抵の子供は心と身体の両方にサインを出しています。低学年の子供ほど、身体に現れることが多くなります。

たとえば、朝になると「頭が痛い」とか「熱がある」などと訴える。風邪を引いたのかと熱を計っても、高くない。お母さんは、「熱もないのに、この子は嘘《うそ》をついて……」

と思うのですが、決して嘘ではなくて、実際に頭が痛いし、お腹が痛いのです。最初のうちは母親も心配してくれますが、そのうちに「もう、また嘘をついて。行きなさい！」と学校へ行かされます。なんとか学校へ行っても、保健室へ直行する。そこでまた熱を計って、「熱はないでしょ」と言われる――。

あるいは、母親に「早く行きなさい」と急《せ》かされても、「うーん、行くよ」と言いながらランドセルを背負ったり置いたりして、グズグズしている。

「今日は、なんかぐずついているな。この間もそうだったな……」

といった様子が増えていく。

だんだん遅刻が増えてきて、一時間目に行けなかったのが、二時間目になり、お昼からになり、また早退も増えていきます。それから、特定の日に欠席が多くなったり、特定の教科のある日に行けなかったり、給食がある日は行けなかったりといった兆候が出てきます。こうして、学校を休むようになっていくのです。

休み始めてしばらくの間、かなり荒れる子供がいます。子供自身も、「行かなきゃいけない」「なんで行けないんだろう？」「なんで朝になったら頭が痛くなるんだろう？」というふうに、自分でもよく分からないのです。だから、すごくイライラする。もう、どうしていいか分からないというので、大抵の子供は荒れます。

荒れ方もさまざまです。襖《ふすま》から障子から、家中を壊して回ることもあります。あるいは、母親を殴ったり蹴《け》ったり。逆に、中学生くらいの男の子が、幼子のように母親にまとわりつくという形で「荒れ」を出す場合もあります。弟や妹をいじめることもあります。

ただ、そういう形で出せる子のほうが、まだ楽なのかもしれません。外に出せないで、自分に「荒れ」を向けてしまう子がいます。たとえば、カッとなって自分の物を全部壊してしまう子や、腕を切る子がいます。いわゆるリストカットです。安全剃刀《かみそり》で腕を切るのです。そういう子供もずいぶん増えています。

こうした荒れが長く続く子もいれば、一カ月程度で終わってしまう子もいます。荒れるエネルギーが下がってくると、無気力になり、ひきこもりの時期に入ります。部屋にこもって、ジーッと外へ出て行かなくなる。昼夜逆転する子が多いようです。夜ずっと起きていて一人でテレビを見たり、音楽を聴いたりして、昼ごろにノソノソと起きだしてくる。子供たちに聞くと、夜は自分を取り戻せる時間だといいます。「夜、一人で起きているとすごく怖い。怖くて寂しいけれども、なんか落ち着くんです」と。

繭をゼロからつくり直す

この時期というのは、たとえば、蚕が壊れてしまった繭《まゆ》をゼロからつくり直そうと、一生懸命に糸を巻いているようなものだと思います。外から見ると、何もしていないように見えるので、親は必死で何かをさせようとします。けれども、そうすればするほど、せっかく出来かけた繭を壊してしまうことになるのです。

子供は子供なりに、自分で繭をつくって、そのなかで心を少しずつ取り戻そうとしている時期です。これが、それこそ一年も二年も続く子もいます。しかし、時間がかかればかかるほど、立派な繭ができて大きなチョウになるのだと思って、どこまで繭づくりを見守ることができるかがカギになってきます。

この時期が過ぎると、今度は回復期です。自分で何かをしようと、少しずつ動きだします。

「明日から学校へ行こうかな」

ある日、突如として言い出すことがあります。一番大事なのは、このとき、親がどう対応するかです。

「行くの？　じゃあ行けたらいいね」

と言うくらいで待つのです。たぶん、最初は行けません。まだまだなのです。しかし「行こうかな」という気持ちになっている。それを、

「あんた昨日、行くって言ったじゃない」

と親が責めてみても仕方ありません。「行く」と言って、前の晩にノートも鞄《かばん》に詰めて準備はするのです。けれども、朝になるとやっぱり行けない。一番苦しいのは、この時期だと思います。行こうとしているけれど行けない。そこを、ずっと見守ってい

ると本当に行けるようになるのです。行けるようになるというより、子供が自分の意思で動くということです。

親が心したいのは、子供が学校へ戻ることだけが目的ではなく、どう生きていくか、どう目標を見つけるかということです。人間の心が一旦疲れきった状態から立ち直るには、一年、二年、あるいは三年くらいはかかります。この子が三年がかりで再出発してくれたらいいな、というくらいの心積もりで見守っていただきたいと思います。

親自身の安定が課題

どんな親でも、わが子が学校へ行けなくなったと分かると、ものすごく動揺します。親自身があたふたします。子供が腹痛を訴えると、あちこちの医者へ連れていったり、原因が分からないと、いろいろな相談室を回ったり。それは当然のことだと思います。しかし、大事なことは、その親自身が安定することなのです。不登校の子供が、あとになってよく言うことがあります。

「僕、無茶苦茶言うかもしれんけど、何を言おうと、お母さんまで一緒になって動揺してもらったら困るんです」

親には、どっしりしていてほしいのです。非常に難しい注文ですが、無茶苦茶なことを言ったり、甘えたりしたときに、

「大丈夫、大丈夫。いつか元気になるって」

と言えるくらいの気持ちでいてほしいそうです。

また、父親が何もせずに母親に任せきっている間は、まず子供に変化は起きません。そういう父親は、大抵最初は「おまえに家のことは任せていたはずやのに」などと文句を言っているだけ。そのうちに、母親だけでは埒《らち》があかないと分かって、一緒に相談に来るようになると、「この夫婦は変わり始めたな」と感じます。

それでも、お互いに責任をなすり合って、「おまえが悪い」「お父さんこそ、もう少し家のことや子供のことを考えてくれたっていいじゃない」などと言い合っている間は、まだ無理です。

「この子が本当に元気になるまで、一緒にゆっくり待ってやろう」というくらいに両親の気持ちがそろい、安定してくると、子供はかなり変わっていきます。

親が学歴にとらわれて、なんとか学校へ行かせようと思っている間も、子供は絶対に動きません。不思議なもので、そういうことに疲れ果て、親が、

「もういいです。この子の好きなようにしたらいいです」

「もう学校のことは諦《あきら》めました」

と開き直ったときに、ふっと学校へ行きだすのです。大抵そういうケースです。ですから、よく、

「もうお母さん、早く開き直りなさいよ」

と私は言います。

ただ、頭だけで開き直ってもだめなのです。「学校や学歴はどうでもいいですから」「いまの学校はなっていない」などと言いながら、内心、お母さんが「いつ行く

か」「行ってくれないかな」と思っている間は、子供は行きません。お母さんの雰囲気で分かるのです。本当に心から、

「この子に任せよう、自分の道を見つけるまで待とう」

と決心したときに、子供は動きだすのです。本当に不思議だなと思います。

先に述べたように、子供たちは学校で、あるいは友達関係で、とてもしんどい思いをしています。だから、せめて家だけは、ゆっくりと心を休ませる場にしてやってほしいと思います。お母さん自身がイライラしていたり、夫婦の問題で家が荒れていたりして、家庭に安らげる雰囲気がない間は、子供は自分の心の問題に取り組むことができないのです。

子供とじっくり向き合えるか

カウンセリングや心理療法に携わる者は、子供一人ひとりが、いつか必ず自分の力で自分の道を見つける、伸びていく、変わっていくと信じて待っています。その間、

子供に箱庭を作ってもらったり、絵を描いてもらったりして、それを見ながら、「ああ、この子はちょっとずつ自分の道を見つけている」と感じるわけです。大切なことは、どこまで信じられるかということです。ついつい途中で、ああもうだめだなと思ったり、イライラしたりしていては、せっかく伸びかけた芽をつぶしてしまうことになります。子供を信じて待つことができるかどうかです。

親御さんから、よく「どうしてやったらいいのでしょう？」「何をしたらいいのでしょう？」と聞かれます。けれども、何かをするというよりも、子供が示しているものを、どれだけ受けとめられるかです。子供に与えようとするのではなく、子供が示しているものを受け取るだけで十分なのです。たとえば、「しんどいよ」というサインを出していたら、そのしんどさを受けとめてやるのです。「お母さん、甘えさせて」という雰囲気を出しているときは、甘えを受けとめてやる。子供が示しているサインに、敏感に反応してやることです。

子供は口では言わないけれども、学校へ行けないという姿を通じて、いろいろなことを示しています。そして親だけではなく、私たち大人社会に対しても、「学校おかしいよ」とか、「お母さんたち、おかしいよ」とか、「大人の社会って、おかしいんじゃない」とか、いろいろなことを言っているはずなのです。それを、私たち大人が、どこまで白紙の心で受けとめられるかということです。

そのために大切なことは、子供とじっくり向き合うことです。どういう気持ちなのか、どうしてしんどいのか、いろいろなことをじっくり聞いてみると、いろいろなことが見えてくると思います。

幸せへの道はひとつではない

どうして、いまこんなに不登校が増えているのでしょう。何が原因だというようなことは、とてもひと言では言えません。「両親が争うようになった」「兄弟と仲が悪い」「親が離婚した」といった個別の要素もあれば、核家族化などによって、両親がけんかをしてもおばあちゃんがフォローしていた部分や、隣近所の見守りと付き合いがなくなったといった社会的な要素もあるでしょう。学校も、私たちが子供のころとはずいぶん変わりました。こうした背景には、やはり社会全体の変化が影響していると思います。その変化に、今後どのように対応していくのか。その答えを見つけるのは非常に難しいことですが、子供の問題が、みんなでそれを考えるひとつのきっかけになればと思います。

ひとつ言えるのは、いまの社会はゆとりがないということです。皆さんも日々、なんとなく追われていると感じることはないでしょうか。

私たち現代人は、科学技術の発達の恩恵によって時間がいっぱいできたはずですが、その余暇をいかに使おうかと心を砕いて時間に追われています。大学生を見ていてもそうです。これから夏休みだというので、「ゆっくりできるね」と言うと、「いや先生、ゆっくりなんかできませんよ」と。スケジュール手帳を見たら、びっしり予定が詰まっています。アルバイトをして、稼いだお金で海外旅行をして、といった感じです。

スケジュール表がとにかく全部埋まってないと、いまの私たちは不安なのではないでしょうか。

大人がこうも疲れていて、その疲れが子供たちにも出ている。小学生の子供にアンケートを取ったら、七三パーセントが「すぐに疲れる」と答えたそうです。実際、いまの子供というのは、塾、クラブ活動、習い事と、本当に忙しい。そうした実際の忙しさに輪をかけて、さらに子供の心を疲れさせるくらい、世の中全体が疲れてきているのではないかと思います。

もう少しゆとりを持って、まず、ゆっくりと心を遊ばせる。

「何が一番大事なのだろう」

「自分は何が一番好きなのだろう」

といったことを考えてみる。子供たち一人ひとりの幸せのあり方や、やりたいことは、みんな違うはずです。それがいまや、人間の幸せになる方法が一つになってしまっている。良い中学校、良い高校、良い大学を卒業して、一流企業に入って、経済的に豊かになって、優しい人と結婚して……というようなイメージが出来上がってしまっているのではないでしょうか。

もう一度、自分にとっての幸せ、わが子にとっての幸せについて考える必要があるのではないでしょうか。わが子にとって一番良い方法、良い道はなんだろうと考えるためには、立ち止まることも必要です。学校へ行かない、行けない子供は、そのことを身をもって私たち大人に教えてくれているのだろうという気がします。

学校へ行かないという、しんどい道を、子供は好きで選んだ訳ではないのです。

「ちょっと、大人おかしいよ」

「社会はおかしいよ」

ということを教えるために、これだけ多くの子供たちが苦労しているという感じがします。

そういうことを、みんなで考えていきたいものです。

【コラム】
なぐり書きをしながら

ある夏の日のこと、中学二年生のN子さんが、担任の先生に連れられて、やって来ました。先生によると、

――二年になってしばらくは普通に登校していたが、連休明けごろから、教室にいると頭が痛くなって我慢できなくなり、保健室へ行く回数が増えてきた。そのうち、朝から保健室にいることが多くなり、保健室登校をしていたが、最近では保健室にも来られない日が続いている――

とのこと。N子さん自身も、

「なぜか頭が痛くなるんです。このごろは学校へ行こうとすると頭痛がする

し、しんどくて行けないんです。自分でもどうしてか分からない……」

とのことで、カウンセリングを希望し、週に一度会うことになりました。

初回に来室したN子さんは、

「今日も行けませんでした。あんまり休んでいると勉強も遅れるし、自分でも行かないといけないと思うんですが……家でも学校でも、特に困っていることも、嫌なこともないし、友達もいるし……」

と、学校へ行こうとするとなぜ頭が痛くなるのか、自分でも分からず、戸惑っているようです。

うつむきがちにぽつぽつと話すN子さんは、おしゃべりはあまり得意ではなさそうです。

「好きなことは?」

と尋ねると、

「ボーッとすることと、絵を描くことかな」

と答えるので、

「じゃあ、ここでボーッとしていてもいいし、絵でも描いてみましょうか」

と言うと、うれしそうにうなずきました。

次回、画用紙とクレパスを用意しました。N子さんは席に座ると、すぐにクレパスを手に取って、画用紙に円や線をなぐり書きのように描き始めました。その合間に、ぽつぽつと、中学では美術部に入っていること、やんちゃな弟がいることなどを話してくれました。椅子《いす》に座り、向き合って話していたときよりも、自然に言葉が出てくるようでした。

なぐり書きを媒介にして、とりとめなく話をするということが何回か続きました。その間、私は、なぐり書きの線や色合いが激しくなったり、暗くなったり、優しくなったりと変わっていくのを、興味深く眺めながら、彼女の話を聴いていました。

あるとき、いつものようになぐり書きをしていたN子さんが、ふと手を止

め、

「もしかしたら私は、学校の水というか、空気と合わないのかも」

と話しだしました。

「よく、水が合わないとか言うでしょ。私はどうも、クラスの雰囲気と水が合わないのかもしれない。周りの友達が、彼氏やテレビの話を面白そうにしていても、話に乗っていけないし、遊びに行こうと誘われても、あまり気が乗らない。男の子も子供っぽくって。別に嫌とかじゃないけど、なんか、あの空気になじめないんですよ」

「そうか。どっか合わない、なじまない空気のなかで、ちょっと頑張り過ぎて、しんどくなったのかな」

彼女は、周りの雰囲気に何か違和感を感じつつも、それでもこれまでと同じように友人とおしゃべりをし、クラスで楽しく過ごさなければと、どこかで無理をしていたのではないでしょうか。

「N子さんらしく過ごせる空気や水が見つかったらいいね」

そう言いながら、それからも彼女と会いました。

ある日のこと、彼女は、

「先生、もっと大きな紙がほしい」

と言いました。敷き詰めた新聞紙の上に大きな模造紙を広げると、N子さんはクレパスではなく粉絵の具を持ち出し、いきなり両手のひら全体に水で溶いた絵の具をベタッとつけ、その手をペタペタと模造紙の上へ叩《たた》きつけたり、手のひら全体でなぐり書きを始めました。

「気持ちいい。先生もやってみたら」

初めは手についたベタッとした絵の具の感触が気になりましたが、やってみると確かに楽しいのです。

「面白いね」

「でしょ、これでストレス解消！」

N子さんの顔も生き生きとしていました。その後も、模造紙を使った描画は続きました。

N子さんは、次々とやり方を工夫していきました。紙の上に絵の具をそのまま流して、線の流れを楽しんだり、絵の具を雨のようにまき散らしたり、何色も混ぜ合わせて微妙な色合いを出したり。毎回、今日はどんなものが生まれるのか二人とも楽しみでした。初めのころ、絵の具が混じり合って、闇夜のような色合いになってしまったこともありましたが、次第に落ち着いた、穏やかな雰囲気に変わっていきました。

あるとき、青々とした草原か海を感じさせるところに、上空から光が流れ落ちてくる作品を仕上げました。

「これが私の卒業作品」

そう笑って、N子さんとの面接は終わりました。

そのころには、学校へも行けるようになっていました。

【コラム】

黙って見守るお母さんに寄り添って

四月は多くの子供たちや若者にとって、新しい船出の時です。大学にも多くの若者が、期待と不安が入り混じった表情で入学してきます。私は毎年その顔を見ながら、どうか、それぞれみんなが自分らしい充実した四年間を過ごしてほしいと願ってきました。しかし、残念なことに、毎年のように次第に大学に姿を見せなくなる学生が何人かいます。

K君は、ある私立大学の二年生です。しかし、これまで実際に通学することができたのは、一年目の一カ月間ほどでした。

最初にお母さんが、居ても立ってもいられないといった様子で相談に来られたときの話では、

「入学式は普通に行ったんです。新学期のオリエンテーションが始まって一週間ほどは良かったんですが、だんだん遅刻したり、行かなかったりする日が出てきて……。このままだと、履修登録も行けそうにありません」

とのことでした。

K君はその後、大学の配慮で履修登録を済ませ、一年目の学生生活をスタートさせました。しかし、それからも週に一、二度は行けたり行けなかったりしつつ、やがて全く行かなくなってしまいました。お母さんは、

「毎朝、今日はどうだろう、起きてくるだろうかと、じっと下で息子の気配に息をひそめているんです。もう私のほうがおかしくなりそうで、十時ごろまでに起きてこないと、ああ、今日もだめだったかとガクッとして、あとは何をする気もしなくて……」

と、疲れた表情で話が続きます。

K君は、次第に昼夜逆転に近い生活をするようになり、暗い顔で家に引きこもるようになりました。お母さんは、

「どうして行けなくなったんでしょう。あの子に聞いても『うるさい!』と言って、部屋に入ってしまうし……。この間は『なんでか分からへん』と言っていました。小さいころ甘やかしたのが悪かったのか。誰かに嫌なことでも言われたんでしょうか。それとも親に言えないようなことなのか……」

と、いろいろと考えあぐね、苦しい日々を過ごされました。

お母さんは、以前からある宗教団体に所属していて、毎週その集いに参加するのが心の支えでした。しかし、

「あそこへ行くと、息子のことを聞かれたりしてつらい」

と、その集いからも足が遠のいていきました。

K君が「なぜ行けないのか分からない」と言ったのは、たぶん本当に自分でも分からないのでしょう。お母さんの話によると、K君は小さいころから、どちらかというと繊細で心の優しい子供で、一人でゲームをしたり、本を読んだりするのが好きだったとのこと。高校のときも一、二度、登校を渋ったことがあったそうです。しかし、自分が学校へ行かないと言うと半狂乱になって取り乱す母親の姿を見て、母親思いの優しい彼は、高校まではなんとか頑張ってきたのでしょう。

それが大学に入ってほっとして、いままで張りつめていたものが解けたのかもしれません。けれども、これまでは無意識のうちに抑え込んできた訳の分からないしんどさなど、自分のなかの問題に、これから取り組まなくてはならない。言い換えれば、取り組める時が来たといえるかもしれません。これまで親や周りに言われるまま、なんとか歩んできた彼にとって、いま乗り越えなければいけない青年期の課題があるのではないでしょうか。

彼の課題が何なのかは分かりませんし、おそらく、そう簡単に乗り越えられるものではないでしょう。しかし、これを乗り越えないと先へは進めないという〝心のサイン〟ではないでしょうか。

K君はその後、心療内科へ通院し始め、服薬の効果もあり、次第に生活のリズムも整って、表情も明るくなっていきました。しかし、まだ大学へは行けず、時折考え込んでいることもあるようです。心配したお母さんが、お医者さんに、

「どうしたらいいんでしょう?」

と尋ねたところ、

「いま、お母さんにできることは、何も言わないことだけです」

と言われてしまったとのこと。

少しずつ良い方向へ向かっているとはいえ、このままではいつまでも大学

に戻れないのでは、と心配で仕方なく、ついつい何かと口出ししてしまうというお母さん。

「何も言わないで、何もできないで、じっと見守る。わが子を信じて待つというのは、本当にしんどい、心のエネルギーのいることですよね」

そう言って、そのしんどさを受けとめつつ、通院を続けながら少しずつ自分を見つけだそうとしているK君に、遠からず〝本当の春〟が来ることを信じて、ともすれば不安に駆られる彼女の話を聴き続けています。

Ⅳ

若者と宗教

青年期の課題

ヤマアラシ・ジレンマからの脱却

大学に入学してくる学生を見ていて、最近の若者は元気だなあと感じます。誰にでも人懐《なつ》っこく話しかけ、あっけらかんとしていて、深刻に悩むことも少ないように見えます。一方で、他人に対する配慮が欠けているようにも見えるのです。これは、自分自身が傷ついたり、苦しんだりすることを避け、できるだけハッピーな状況にいたいという心理の表れなのでしょう。

天理教の学生生徒修養会（約一週間の合宿生活を通して教えを学び信仰心を養う会）を受講する高校生層は、心理学的に「青年期」に分類されます。この青年期には、友人関係や人との出会いが大きな意味を持っています。対人関係を中心に、自分を取り巻く環境にうまく適応し、かつ、自己の同一性（アイデンティティー）を確立し、自身の生き方を選択するという困難な課題をこなしていかなければならない時期なのです。

小学四年生くらいになると、社会性が発達し、大勢の仲間と付き合うことができるようになります。このころの子供たちを「ギャングエイジ」と呼びます。仲間と行動を共にするなかで、けんかの仕方や社会的なルールを身につけていくのです。

しかし近年は、少子化や塾通いなどで、子供たちが大勢で一つの遊びをすることが困難となり、小学生のときに「ギャングエイジ」になれなくなりました。そのため、高校生になって「ギャングエイジ」化するようになります。コンビニの前にたむろして座り込む、電車のなかで大騒ぎをする……こうした姿は、大人の目には「好き放題、やりたいようにやっている」姿にしか映らないでしょう。

ところが、高校生はグループ内で目立ち過ぎないよう、仲間の輪から外れないように気を使い、その一方で、自分の個性を主張しようと大変な努力を払っています。こうした友人関係では本音が出せず、お互いの間に微妙な距離感があります。人には皆

「誰かとつながっていたい」「理解したい」「分かり合いたい」という欲求がありますが、若者たちは、どうしたら〝親友〟が持てるのか、その方法が分からないのです。また、自分が傷つくことを恐れるあまり、積極的に求めようともしません。

哺乳類の一種、ヤマアラシの背中に生えているとげ状の硬い毛は、敵を脅かしたり、刺したりします。二頭のヤマアラシが近づき過ぎると、お互いをとげで傷つけてしまうため、ヤマアラシは本能的に安全な距離を探ります。これは、現代の若者たちにも当てはまるのです。楽しく騒ぎながら、相手との距離を手探りする彼らの「近づきたい、でも傷つきたくない」というジレンマ、いわゆる「ヤマアラシ・ジレンマ」です。

誰かとつながっていたいと思いながらも、相手の顔を直接見て本音で話すのが苦手な若者たちにとって、メールは欠かせないものになっています。携帯電話という媒体を通じて、遠過ぎず近過ぎない、居心地の良い距離を保っているといえるのです。

「学修」と呼ばれている学生生徒修養会の一週間の合宿生活では、嫌でも直接顔を合わせて話をしなければなりません。「みんなで一緒に何かをやり遂げよう」という連帯意識が弱まっている高校生にとって、初めて出会った人と寝食を共にするのは、ものすごく抵抗があるはずです。初日に「もう帰りたい」「来なきゃよかった」という声が聞かれるのも当然のことでしょう。しかし、三日、四日と日が経つうちに、自分の周囲にはさまざまな人がいることを認識し始めます。そして「自分ひとりで悩んでいたけれど、同じような悩みを抱えている子がいる」ことを知り、学校の友達には言えないことでも言える人、つまり〝本当に分かり合える相手〟との出会いが生まれてきます。天理教という一つの信仰に基づいて行われるプログラムはもちろん、講義間の移動時間や、夜眠る前の時間のなかで、人とつながることの大切さ、仲間がいることの楽しさが見えてくるのです。

これは、青年期の発達段階において最も重要なことで、人との出会いをきっかけに、自分について深く考え、自己を社会的に自覚し、人とのつながりを強めていくのです。

また、カウンセリングの一種に、「グループカウンセリング」というものがあります。一週間前後、寝食を共にし、集団のなかの自分を見詰め直すそのプログラムは、自分が知らなかった自分を知る「自己理解」、他者への思いやりや配慮を学ぶ「他者理解」、自分の思いを伝える「自己表現」の習得を狙《ねら》いとしています。「学修」のプログラムは、こうした要素を十分に満たしているのです。

心理学における「出会い」の意味は、単に人と人が顔を合わせるだけのものではありません。一人の人間として互いに共感し、分かり合い、信頼できる相手に出会うこと。ありのままの自分を出しつつ、相手を受け入れることが「出会い」なのです。

そのような出会いを、若者たちは本能的に求めています。そして、自分をさらけ出し、ありのままを表現する場を探しているのです。

「学修」は、受講した高校生が口をそろえて言うように、心から安心し、つながり合える人と出会える場、もしくは「出会いのチャンス」の場ではないでしょうか。

もしかしたら、そのなかに、一生を左右するような人との出会いや、信仰について考えるきっかけがあるかもしれません。だからこそ、毎夏大勢の高校生たちが、おぢばに引き寄せられるのでしょう。

現代青年と宗教

いらだち・不安

戦後、科学技術の急速な進歩や、いわゆる高度成長のなかで、教育水準の高度化や高学歴化が進みました。それとともに、青年の「宗教離れ」が取り沙汰され、青年、特に日本の青年は宗教に対して否定的である、といわれてきました。しかし近年、こうした動向に変化が見られ、宗教的なものに対する青年の関心の高まりがうかがわれます。

たとえば、統計数理研究所が五年ごとに行っている「日本人の国民性」調査の結果を、二十歳から二十五歳の者について見てみると、「あなたは何らかの信仰や信心を持っていますか」という問いに対して「信じている」と答えた青年の割合は、一九五八年から七三年にかけては、一一パーセントから八パーセントへと漸次、減少傾向をたどっていました。しかし、一九七三年から七八年にかけては、八パーセントから一七パーセントへと、二十年前よりもはるかに増加しているのです。

さらに、ＮＨＫ世論調査所の「日本人の意識」調査の結果を見ると、青年の宗教的行動の変化の様相が、よりはっきりと浮かび上がってきます。

一九七三年から七八年にかけて「お守りやお札などの力」を信じる者が、十代後半の女子で一四パーセントから二九パーセントへと増加。また、奇跡を信じる青年も増え、青年層の三分の一近くが信じています。「易や占い」を信じる青年や、「神や仏」「あの世や来世」を信じる青年も増加して、「入試祈願に行ったことのある者」や「お守りを持っている者」の割合も、この五年間に著しく増えています。

これらの結果から分かるように、一九七三年ごろを境として、青年層において、宗教的なもの、あるいは超科学的なものへの関心が、再び高まってきているといえるようです。

こうした動向は、何によるのでしょうか。

基本的には、現代の社会状況における人間に共通した状況——科学や技術の進歩では満たされなかった心の充足感や安定を求める気持ち、合理主義的傾向への反発として超合理的なものを求める気持ち、さらには政治や社会への不満や不信、先行きへの不安感などが挙げられるでしょう。

なかでも青年期は、自我意識が急速に高まり、動揺しやすい時期です。この時期に、青年は受験や就職など自己の将来を定める諸決定を迫られ、また自分について考えるなかで自己のアイデンティティーを確立していかねばならないのです。一九八二年に行われた「世界青年意識調査」で「社会で成功するためには何が必要か」との問いに対し、日本の青年は他国の青年に比べて「運やチャンス」を挙げる者が多く、その割合は四七パーセントとなっています。

この結果を含め、先の青年層における現世利益的信仰の増加は、「自分の力ではどうにもならない」ものへのいらだちと不安を反映しているといえそうです。さらには、現代の青年に他力的、受け身的な傾向が強まっているといえるかもしれません。

仲間を求めて

既成宗教の世俗化が指摘される一方、現在もさまざまな新しい宗教が生まれ続けています。青年の入信者が多いのです。大学には各種宗教サークルがあり、学生たちが熱心に活動しています。これら宗教集団に加入していく青年たちは、何を求めているのでしょうか。

いくつかの宗教集団に所属している青年たちを対象に、入信の動機について調べてみました。十年前の調査では、「精神修養のために」とか、「病気・家庭問題などから」、あるいは「人生についての思索から」といった理由が多く挙げられたのですが、今回の調査では、かなり変わってきたことがうかがわれます。

そのひとつは、病気のために、あるいは経済的な問題などのために入信する青年は、ほとんど見られないということです。現代では、そうした問題に宗教的救済を求めなくなってきた、ということがいえるでしょう。

それに対して今回、入信の動機として最も多く挙げられた理由は、「人間関係を求めて」というものなのです。次いで「精神的安定を求めて」「宗教的なものに憧れて」と続きます。

十九歳のある青年は、こう言いました。

「毎週、教会へ行くのは面倒だと思うこともあるけど、行けば仲間としゃべれて楽しいし……教会の仲間以外とは表面的な付き合いしかできない」

また、二十歳の青年は、

「会社では人付き合いが難しくて、いろいろ気を使ってしんどいが、ここでは皆、いい人ばかりで、ここへ来るとほっとする……」

と。このように、親密な、温かい人間関係や仲間との感情の共有を求めて、宗教集団に入ってくる青年が増加していることは、近年のひとつの特徴として注目されます。

それと同時に「自分を変えたくて」とか、「精神的な安定を求めて」宗教集団に入ってくる青年も目立ちます。「友達がここに入会して、すごくしっかりしたのを見ていて、自分もそうなりたいと思って」入会してきたという二十歳の女性は、「ここに来るようになって、自分の考えも出てきたし、明るくなれたように思う」と話していました。ほかにも、こんな声がありました。

「浪人中、これから自分はどうなるのかと不安だった。ここに入って心に張りができた。毎日が充実している」

「大学に入ってからフラフラしていた。何か自分の打ち込めるものが欲しかった」

これらの言葉から、青年にとって、宗教集団への所属が精神的な構え、生きる枠組みを与えるものであり、アイデンティティー確立の一つの形であることを示していると見ることができます。

このような青年の入信動機からうかがうと、宗教的行動や宗教集団への加入の底には、自己の生きがいや精神的な充実感を求める気持ちと同時に、それらを他者とのつながりのなかに求めようとする気持ちや、同じ集団に所属し、宗教的行為を共有することでの仲間意識、あるいは仲間と共にいることでの安心感を求める気持ちが強くなってきている、といえます。

逆にいえば、いわゆる外の世界では、そうした仲間意識を持ちにくい、あるいは育てにくい状況ということになります。人々が社会の管理下に置かれ、他人との競争を求められるなかで、人間関係は希薄化し、孤独感や疎外感が広がる。そうした状況が、青年の宗教化を促している一つの要因なのではないでしょうか。

自己形成の場に

青年が宗教を求める動機は多様で、またその所属する宗派もさまざまです。しかし、それにもかかわらず、宗教集団に所属し、宗教的行動を熱心に行っている青年には、何らかの共通した心理的な特徴が見いだされるのではないか。そうした考えから、キリスト教系、禅宗系、新宗教の宗教集団に所属する青年を対象に、そのパーソナリティー特性について調べてみました。

質問紙形式の心理テストやロールシャッハ・テスト（インクの染みを見て何を想像するかを問い、その言語表現を分析することで思考過程などを推定する）で、各宗教集団の青年百二十人余りに、個別調査を行った結果、各宗教集団における相違はもちろんですが、青年に共通した特徴として、次のようないくつかのことが見いだされました。

ひとつは、宗教集団の青年は、一般の青年に比べて性に対して抑制的であり、厳しい道徳観を持っているということです。性の自由化が進む現代にあって、性への関心を抑制し、厳格な、ある意味では固い考え方を持つ者が多いことが示されました。この傾向は、特に女子において強いようです。

さらに、宗教集団の青年は、自分の内的状態により敏感で、自分の心の内にある葛《かっ》藤《とう》や弱さ、内的不安定感を、より強く意識していることも分かりました。

また、彼らは一般青年に比べて、自分自身、あるいは他者への関心がより強いことや、物事の受け取り方が真面目で深い傾向が強く出ました。

しかし、その半面、自分について敏感過ぎ、あるいは自分への関心が強過ぎて、自己の内面に目が向き過ぎる結果、外界の物事の知覚が主観的・観念的になり過ぎたり、あるいは漠然とした不安感や内的緊張感を強く持ったりするようになる人もいるようです。

青年期というのは、従来指摘されてきたように、自我意識が急速に高まる時期です。自分への関心が高まり、「自分はいったい何なのだろうか」「どのような考え方や人生観を持ち、いかなる職業を選択して生きていくのか」を考えねばならない。自分について一貫したイメージを持ち、自己のアイデンティティーを確立していかねばならない時期なのです。

しかし、こうした時期にもかかわらず、現代の青年の全体的な状況としては、「自分」についてあまり深く考えようとしない人間が増えているように思われます。先の統計的な数値でも分かるように、占いやおみくじを信じ、いわば他力的・受け身的に社会に適応していく青年が増加しつつあるのです。

そうしたなかで、より強く自分を意識し、自分に敏感である青年、自分や物事をより深く考えようとする青年が、自己のアイデンティティー確立の手段のひとつとして宗教を位置づけ、宗教集団に入っていくともいえます。

かつて、宗教とは弱い人間の逃避の場であると考える青年も多くいました。しかし、現代では、宗教集団の青年のほうが、自分に対して、また自分の生き方に対して、より深く考えようとしていることがうかがえるのです。

回心は発達期に

『宗教学辞典』によると、ある人が宗教的に新しく生まれかわることが、広い意味での「回心《かいしん》」であると述べられています。ある人が何らかの宗教に惹《ひ》かれ、その教えの信仰を持つ、あるいは宗教集団に入ることも回心といえましょう。

人の一生において、回心はいつ生じやすいのだろうか。これについては、いままで多くの研究がなされています。そしてその大半は、青年期に最も回心が生じやすい、つまり、回心が青年期的現象であることを示しています。

なぜ、青年期に回心が生じやすいのか。これにはいろいろな要因があります。ひとつには、青年期という発達段階における心理的特性が考えられます。アイデンティティーの確立を、青年期の発達課題として指摘したエリクソンは、また青年期に発達する自我の特性として「忠誠心」を挙げています。自分の選択した一定の対象に対して、ひたすら心身を打ち込み、献身的に尽くしたいという欲求や能力の高まることが、青年期という発達段階の特徴なのです。

多くの青年が、自分の打ち込める対象を求めて模索しています。近年では、それが見つからないまま、あるいは見つけようとしないまま、なんとなく大人になっていく青年も増えてきたようです。

しかし、何か自分の忠誠を尽くせる対象を求めたい、という気持ちの高まりから、宗教的回心が生じやすいことも、こうした青年の心理的特性と大きく関わっているといえます。

もちろん宗教集団の青年といっても、青年期になって急速に宗教的関心を強めた者だけでなく、両親が信仰していたからとか、身近に宗教的な人がいたからなどの環境的要因によって、幼児期から漸次的に宗教を受け入れていった者も多いのです。私の調査では、両者の割合はほぼ半々でした。

青年の入信には、親たちの影響が大きいことがうかがわれます。しかし、「両親の影響を受けて自然に」とか、「親に連れられて教会に行っているうちに、なんとなく」というような例でも、青年自身が自覚して入信し、宗教的活動に打ち込むようになるのは、大学に入ったころから、あるいは高校卒業後、勤めだしてからという場合が多いのです。

ある青年は、

「小さいころから教会には親しんでいた。でも、中学、高校のころは、むしろ宗教に反発していた。一時は教会へも全く行かなかったが、大学に入ってボヤーッとしているうちに、いろいろ考えだして……。いまは信仰の良さも分かったし、信仰することが気持ちの支えになっている」

と話していました。

このように、青年が宗教を求める背後には、青年期という時期の心理的な特性が大きく関与していることが分かります。それゆえ、青年期に宗教集団に所属し、熱心に宗教活動を行っていた青年たちのなかには、大人になるにつれて、いつの間にか、その活動が中断してしまう者も少なくないのです。

ある宗教集団の青年を対象に、十年後もその信仰が続いていた者と、中断してしまった者を調べた結果は、ほぼ二対一でした。一般的には、青年期の一時的な抑うつ状態や不適応感から宗教集団に入ってくる青年は、その一時期、宗教的活動に熱中はしても、その信仰を自己の内に統合することができないまま、中断していきやすいといえるようです。

【コラム】

新々宗教と若者たち

若者たちのなかに、いわゆる新々宗教に関心を持つ者は少なくありません。全国各地の大学でも、「○○研究会」と名前を付けたさまざまな宗教サークルが活動しています。入学の時期になると、新入生を前に、入会・入信の勧誘が盛んです。息子や娘が宗教団体に入ったまま帰ってこないと、両親が相談室に駆け込んでこられることもあります。

ここ数年、さまざまな新しい宗教が生まれ、若者層を中心に、多くの人がそこに惹《ひ》かれていきました。若者たちは何を求め、何に惹かれているのでしょうか。

いくつかの調査結果やマスコミなどを通してうかがえるところでは、宗教的救いを求めて、あるいは教義に惹かれていくような若者は少ないようです。むしろ、

「ここに来て初めて本音で話せる友人ができた」

「ここでは仲間がいて楽しい、ほっと安心できる」

「ここには自分の居場所がある」

といった声が多いのです。

彼らは、宗教集団に入ることで、初めて他者との連帯感を感じ、安心感を得ているようです。友達付き合いが苦手な子供が増えています。人とどう付き合ったらいいのか分からないという青年や、けんかになるのが嫌だから表面的な付き合いしかしない、という若者も多いのです。

しかし、彼らもやはり、心のなかでは、人とのつながりを強く求めています。宗教集団に入り、そのなかで共通の体験をし、共通の言葉や目的を持つ

ことによって、仲間としての実感を強く持つことができるのでしょう。人と人との結び付きを求めて、また自分の居場所を求めて、入信していく若者も多いのではないでしょうか。

逆に言えば、いまの学校や家庭のなかで、それだけ、ほっとできる場所や本音で話せる人間関係がなくなってきているといえるのかもしれません。

〝大人になる〟のが難しい時代

――心理学の分類でいう「青年後期」の基本的な課題を説明していただけますか。

ひと口で言えば、アイデンティティー（自己同一性）の確立ということになります。つまり、生まれてから子供のころを経て現在まで、そしてこれから先という縦の流れのなかで、自分の生き方を見つけるとともに、同時代に生きる周囲の人々との横の空間のなかで、他者とのつながりをどのように形成していくかということです。縦軸と横軸が交差する点で、自分らしく生きる方向性を見いだすこと、つまり「私とは何者か」という問いへの答えを見つけることなのです。

具体的な青年後期の課題としては、両親から情緒的、経済的に自立すること、職業選択と結婚生活への準備をすることなどが挙げられます。つまり、社会的に責任を持てる人間となるための準備をすること、といえるでしょう。

――"大人になる"準備をするということですね。では、大人とは？

以前、「あなたは、いつ大人になったと思いますか」というアンケート調査がありました。男性の場合は「就職したとき」という答えが一番多かったのですが、フリーターが増えている現在の状況からすれば、そうともいえない。また、たとえ就職しても、自分ひとり生きていくだけで精いっぱいというのが若い男性の現状でしょう。

女性の場合、一番多かったのは「最初の子供を産んだとき」という答えでした。これも、最近では当てはまらなくなってきています。産後間もない時期ならともかく、いつまでも実家の親頼りという人が少なくない。子供を産んでも、母親になりきれない女性が増えているのです。経済的、精神的、社会的に自分の足で立つことが「大人になる」という意味なのです。

――いま、若者の自立が難しい時代といわれています。「フリーター」と呼ばれる定職

に就かない若者や、就職後も親元にいて依存しつつ、豊かな消費生活を楽しむ「パラサイト・シングル」が増えている。

現代日本の若者たちを見ていると、確かに自立をすることが大変難しくなっていると感じます。原因はいろいろあるでしょうが、私はその第一に、現代社会特有の価値観の多様化ということが、実は幻想であるという点を指摘したい。

若者たちは、大人から「価値観が多様化しているのだから、自分がやりたいことをやっていいんだよ」と言われて育ちますが、では実際に多様化しているのかといえば、逆にますます画一化している面がある。たとえば、学歴信仰は相変わらず根強いものがあり、上昇志向、豊かさ志向、早く、高く、強くあることがいいという価値観に偏っています。そのなかで、自分らしい生き方を見つけるのは至難の業です。若者は「多様化した社会」という言葉に、うさん臭さを感じています。どんな生き方をしてもいいと言いながら、勉強しろ、いい学校に行け、いい会社に入れという暗黙の期待が、彼らの手足を縛りつけ、自由に羽ばたけないようにしているのです。

――つまり、現実と期待のはざまで〝また裂き状態〟になっていると。

最近の傾向として、職業的な自立のための経験年数の延長も、若者の自立の遅れに拍車を掛けています。たとえば、理科系の学部を出て専門職に就こうと思えば、修士課程まで出ないと企業では採用してくれない。ほかの分野でも、かつては高校卒業の資格で就職できたものが、いまでは大学卒業が当たり前。臨床心理の世界でも、大学院での専門的な習得年限が必要です。つまり、社会の要請により〝一人前〟になれる時期が遅れている。技術が高度化し、細分化されるほど、一人前になるために年月をかけなければならなくなっているのです。

――現実の厳しさから逃げている面は？　いわゆる、大人になるためのモラトリアム（猶予期間）を延長させたいという心理は働いていませんか。

長い準備期間をかけて一人前になろうとする若者がいる一方で、「頑張ってもたかが知れている」という意識を持つ若者も多い。現代は、理想や憧れを抱きにくい時代なのです。

昔は「末は博士か大臣か」などといわれましたが、いまは「たかが博士や大臣。苦労してなっても……」と、目標に向かって頑張ろうという風潮は希薄になりつつあります。苦労するより自分の人生を楽しもう、いい加減のところで手を打とうと。だから、モラトリアムを延長させて何かをしようというのではなく、最初から「どうせ」「たかが」と自分の将来を見切っている傾向があるのです。

自分を大事にしたい若者たち

――フリーターのなかには「生きがいを持って働ける仕事を見つけたい」という若者もいるようですが。

フリーターが増えている理由には、いろいろあります。一つは〝超氷河期〟と呼ばれる就職難です。一生懸命に仕事を探したけれど、定職がなくてフリーターをやっている人も大勢いる。また、自分らしく生きたいが自分に合った仕事が見つからないので、やむなくフリーターをしている例も少なくない。彼らの心には、もっと自分を大事にしたいという思いがある。また、半年間はアルバイトをしてお金をため、あとは海外に行って見聞を広めたり、ボランティア活動をしたりするという学生もいる。フリーターを現実からの逃避行動として否定的に見るのではなく、肯定的に見る目も必要ではないでしょうか。もちろん、定職に就かなくても生きていけるという社会の豊かさの恩恵ではありますが。

――大人社会から見ると、フリーターやパラサイト・シングルへの批判的な目は強い。世代間のギャップがあるようですが。

若い人が甘えているという大人社会の考え方のなかには、嫉妬があるように思います。いまの大人たちも、若いころには自分らしく生きたいと思ったけれど、やむを得ずいまの仕事に就き、結婚をして今日までやってきたという自負心と少しの後悔がある。だから、自分の若いころに比べて、多少のわがままが許される現代の若者を見ると、「いまどきの若者は……」という目で見がちになる。

でも実際には、若者もシビアに現実を見ています。フリーターなら「親に負担をかけないように」とか、パラサイトなら「結婚するまでの間だけ」という思いでいるようです。頭ごなしに甘えと決めつけるのではなく、若者の行動の背景を理解しようとする態度が大人には必要です。

次世代の若者たちの課題

――一般的な若者と、信仰を持つ若者の場合には、自立への課題に違いがありますか。

教会で生まれ育った私も経験したことですが、信仰を持つ若者、特に教会長後継者の場合は、自分の将来の姿がある程度分かっているというなかで自立を果たさなければなりません。本来、自立とかアイデンティティーの確立は、将来への見込みが何もないところから、悩んで葛藤《かっとう》して自分を見つけていくものです。最初からゴールがあって、そこへ向かってどのように行くのかという自己実現の仕方は非常に難しい。

アイデンティティーを確立する過程には、さまざまな危機的状況が現れます。そのひとつに、アイデンティティーの早期完了型があります。これは、青年期特有の悩みや葛藤を経験しないまま自分の道を決めてしまうというもので、「葛藤なしの完了型」といわれています。あまり悩んだり苦しんだりしないで、親や先生の言う通り、社会が期待するように自分を仕向けていく。だから、周りの大人にとっては〝いい子〟であり、悪く言えば要領がいい。いわゆる〝素直ないい子〟なのですが、本当に自分で考え抜いて選んだ生き方ではないので、どこかで破綻がくる。たとえば、一流大学出身のエリートが、自分の思い描いていた仕事の世界と現実があまりに違うので、せっかく入った大企業を二、三年で辞めたりする。また、中年になって突然、うつ病になる人もいます。

お道の若者を見ていると、実は、このタイプが多いような気がします。子供のころから素直で真面目で、学校を卒業したら、青年づとめをして会長になるんだと話している彼らを見ると、「どこかで行き詰まらなければいいが……」などと思ってしまう。

早期完了したタイプは、仮の自立をしているが、何かをきっかけに考え込むと、信仰者として真の自立をしていくうえで大きな挫折《ざせつ》を味わうこともあるのです。

一方で、「どうせ、いずれは会長になるのだから、いまだけは好きなことをやる」という学生も少なくない。彼らは、教会長という立場を〝仕事〟と割り切っている面があるので、大きな悩みを抱えにくいようですが、宗教者としての人格的な成長は遅れがちになる。やはり若者には、本当にやりたいことや生きがいを見つけるために悩む経験が必要なのです。理想をいえば、会長という立場と、自分がやりたいことが両立できるなら、自立はしやすい。

私の身近なところでは、臨床心理士の資格を取るために猛勉強をして、カウンセラーと教会長を両立する道を選んだ学生がいました。また、語学を志す者であれば、教会で語学の教室を開いてもいい。社会福祉関連であれば、その方向の専門性を教会活動のなかに生かすこともできる。

ところが、自分のやりたいことと、教会長後継者という立場のはざまで悩んでいる学生は結構いるのです。実は、私も携わっていた天理大学の学生相談室を訪れるお道の若者の数は、かなり増えています。

――年間の相談件数は？

一般の学生と合わせて約三百件ほどですが、その半数は教内子弟です。お道の若者の場合、問題の根が深いので重症が多い。

一般の学生の場合、青年期の悩みは、自分だけの問題で片づけられるが、教内子弟の場合は〝相手〟がいる。その相手が、若者では手に負えないほど大きな存在であることが少なくない。たとえば、一代で教会を設立した父親であるとか、社会的立場の重い有力な教会であるとか。つまり、現会長である親を乗り越える難しさが加わっている。そんな若者たちは、萎縮《いしゅく》していて親には何も言えないので、卒業後の進路さえ相談できない。

たとえば、大学卒業後は修士課程に進みたいとか、数年間は社会に出て働きたいと思っていても、親や上級の会長から「帰ってこい」と言われただけで話は終わってしまう。一般の学生のように悩むことで道が開けるのであればいいが、悩んでも悩んでも、自分に与えられた状況を受け入れるか、はねつけるか、二つにひとつしかない。それでもお道が好きで、両親も尊敬しているから、結局は受け入れざるを得ない。そうやって追い込まれていくんです。ある意味では、親と子の関係より、教会長と信者、教会長と後継者という立場の関係が強くなり過ぎているのかもしれません。

――真面目なタイプに多いのでしょうか。

信仰に対して真面目に考えるタイプが、真剣に悩んでいます。せめて学生時代にはハメをはずそうとする〝エンジョイ型〟は、相談室には来ません。諦《あきら》めもあるのでしょうが。

親の思いに背いたらよくない。親の思いに反して自分の意思を押し通すのはわがままであり、将来よくないことが起こるのではないかと恐れている若者もいる。また、「それみたことか」と言われるのではないかと怯《おび》えてもいます。私はカウンセリングの場で「親神様はそんなに了見は狭くないと思うよ」と言うのですが、「だけど、やっぱり会長さんには逆らえません」と。

若者の話にもっと耳を傾けて

――青年期に、信仰を受け入れるうえでの課題は?

今も昔も、青年期は、何かを信じたいという思いが強くなる時期なんです。科学的なものを信じる者もいれば、イデオロギーや神に自らの忠誠心をささげようとする者もいる。ところが現代社会には、若者が一生をかけてついていきたくなるような対象がほとんどない。理想像が壊れているので、持ちたくても持てない時代なのです。

お道の青年の悩みにも同じことがいえます。カウンセリングの結果から分かるのは、理想像が拡散しているということです。こんな教会長や布教師になりたいというモデルが少なくなってきている。「お道の信仰はいいけど、実際の教会は面白くない」という意味のことを彼らは言います。夢が持てないということなのでしょう。

――教会では、気ままや贅沢《ぜいたく》ができないという生活上の制約も、葛藤の一つですか。

教会生活ですから贅沢はできませんが、不自由をすることは少なくなっているのではないでしょうか。だから、気ままや贅沢が葛藤の理由ではなく、精神的な不自由さに大きな原因があると思います。

私は、教会長さん方に、葛藤している若い人の話にもっと耳を傾けてもらいたいと思います。彼らには、何を言っても聞いてもらえない、分かってもらえないという一種の諦めがあります。でも本心では、腹を割って話をしたいし、悩みを聞いてもらいたいのです。

――深い悩みを抱える彼らへの接し方は?

人間には、誰かが一生懸命に話を聞いてくれることで、自分の思いが整理されるという心の働きがあります。

ある学生は、相談室を訪れて話をするうちに、教会長を継ぐのが嫌で逃げていた自分に気づいた。そこで、思いきって父親に相談してみたら、父親は自分の若いころの悩みを話してくれた。そして「やりたいことがあれば、思いきってやればいい。おまえが今やりたいことを、将来の教会活動に生かせばいい。まだ十年ぐらいは頑張れるから、おまえも頑張れ」と背中を押してくれた。悩んでいたのが逆に応援してもらえて、彼は笑顔とやる気を取り戻したのです。

――つまり、若者だけが問題を抱えているのではないと。

どちらかと言えば、大人のほうに問題があると思います。大人は、青年にとって魅力的なモデルになることを求められている。教会長夫妻が毎日、生き生きと積極的に取り組んでいれば、子供はその姿を見て「自分もやってみよう」と思うものです。また、考えようによっては、教会活動にはさまざまな可能性があります。地域の特性や教会長の個性に応じた活動が展開できるという発想になれば、若者はひきつけられるのではないでしょうか。その前提条件として何より大切なのは、大人や親が自らの生き方に自信を持っているということです。

――ギャップを埋めるには？

とにかく話を聞いてみる。何を考えているのか、本心を打ち明けられるような信頼関係を時間をかけて築くことです。でも、実情は難しいように思います。

ガッズダーという人が、悩みの相談相手として、信頼される人の条件を八つ挙げています。

一、自分の話をよく聞いてくれる人
二、自分に注意を向けてくれる人
三、価値観を押しつけない人
四、答えを指示しない人
五、寛容な態度で接してくれる人
六、話し合ったことを安易にほかの人に話さない人
七、自分に自信を持っている人
八、ユーモアのある人

お道の人は、相談を受けると、答えを出さなければいけないと、つい思ってしまう。

もし、どうしても何かを言いたくなったら、五十分聞いて五分しゃべればいい。答えは、悩んでいる本人のなかにあるのです。

親自ら生き方を問い直してみる

――お道の若者の場合も、話を聞いてお互いに分かり合えば、状況は変わりますか。

変わります。もちろん、話を聞いたうえで、その思いに沿える形がとれないだろうかと一緒に考えることが必要です。聞くだけの、いわゆる〝ガス抜き〟ではだめです。大人が、こうあるべきだという自分の価値観を若者に押しつけている限り、話し合いは難しい。結果として、本人の意に沿わない答えになってもいいんです。その場合、本人は納得できなくて苦しむでしょうが、一緒に悩んでくれたというので、やがては立ち直れるものなのです。

――肉親の親子関係のなかで、信仰について話し合うのは難しい面もあるようですが。

確かに、実の親子の間柄では、腹を割って話し合うのは難しい場合も少なくない。そんなとき、第三者が親子の話し合いを取り持つことが必要ですが、両者からの信頼がなければうまくいきません。

親から子へ信仰を伝えるのがなぜ難しいのかといえば、若者にとって、実際の日常生活のほうが、信仰者としてのあるべき姿よりも現実感があるからです。つまり、親自身の日常の通り方を近くで見聞きしているので、高い理想を掲げた話を聞かされても説得力に欠ける。要は、親が自分の生き方に自信を持っているのか、本当にお道を信じきっているのかを、まず自らに問いかけてみることです。お道を信じ、自分の生き方を信じ、子供を信じているかということが大切なのです。

終わりに——このごろ思うこと

天理大学を退職してから三年、このところの私の心理臨床の場は、四十年来続いているクリニックでの月二、三日のカウンセリング、そして自宅での、ごく限られたクライエントさんとの面接です。また、スーパーバイザーとして若い人たちの指導と、大学在任中と比べると格段にゆっくりとした、ゆとりのある状況といえるでしょう。

それなのに、いま余裕を持ってじっくりとクライエントさんに向き合っているかというと、どうもそうでない気がします。自宅の一室に、テーブルと椅子《いす》を置いてクライエントさんと向き合うという形は、やってみると、なんとなく落ち着かず、無防備な感覚にさらされます。いままで「大学」の「カウンセリングルーム」という組織・

システムによってつくられた「守られた空間」「守られた時間」のおかげで、いかに自分が守られてきたかを痛感しています。

いまは亡き河合隼雄先生が、かつて天理大学大学院の開設記念講演において、心理臨床家にとって一番大切なことはと問われ、

「希望を失わずに、クライエントを信じて、クライエントと共に居続けることです。そのために勉強するのです」

と話されたことを折にふれて思い出します。自宅でクライエントさんとお会いしていると、時に、この先どうしていけばいいのか、どうなるのだろうと不安になったり、先が見えなくて、希望を失いかけたりすることがあります。どんな状況であろうと、クライエントさんを信じて、希望を失わずに、共に居続けるというのは難しいことです。

このところの私は、クライエントさんを信じてというよりも、クライエントさんと私との長年の関係性を信じて（それに甘えて）、そしてクライエントさんと私を超え

た何か大きなものの力を信じてやっているといえるかもしれません。そして、そういえば、このごろ勉強していないなあと反省しながら。

希望を失わずにクライエントさんと共に居続けるためには、やはりこれからも勉強し続けなければいけないのでしょう。しかしそれと同時に、私は心理臨床家にとって大切なことは、心理臨床家自身の人間性や、一人ひとりの内なる信念・世界観・宗教観に支えられた安定感ではないかと、このところ思っています。私にそうしたことを考えさせた天理大学大学院でのある授業の日々を、いまもなつかしく思い出します。

天理大学大学院では、独自の「心理臨床と宗教」という講義科目があり、私はその担当者として毎年、宗教性や精神性・宗教の関わる問題について、院生たちと共に考える機会を持つことができました。授業では毎回、フロイトやユングの宗教観、仏教やキリスト教と心理療法の接点について、あるいは、たましいについて、死について、自然についてなどのテーマのもと、できるだけ一人ひとりの体験や実感を大切に、共に学び、共に思いを巡らせ、討論し合いました。

時には、近くの石上《いそのかみ》神宮の散り始めた桜並木の下を歩きながら、また時には、広大な天理教教会本部の神殿に身を置いてみることもありました。もちろん、どのテーマも大きな奥深い問題であり、結論や正解が得られるものでもないでしょう。しかし院生たちは、どのテーマに対しても関心を持って向き合ってくれました。話し合いを続けるなかで、古代から人間が自らを支えるものとして自らの宗教をつくり、世界観をつくり上げてきたことを実感し、時には沈黙のなかで自分の内にある不思議な感覚を味わい、また人間というものや自分というものの分からなさ、心の奥深さを実感する時間になっていたように思います。

特定の宗教を信仰しているか否かにかかわらず、院生たち、そして私も、この授業を通して自らを超えたものについて思いを巡らすなかで、自らを振り返り、自分と対話し、心理療法家としての一歩を踏み出す自分を支えるもの、自分の構えのようなものの一端を得ることができたのではないでしょうか。同時に、人間、さらにはこの世界に存在するものすべてのこと・ものに対しての畏敬《いけい》の念を再発見したように思います。そうであってほしいと願っています。

心理臨床家の仕事は厳しく、常に何かに追われていたりと大変でしょう。しかし、そうした日々のなか、時には自分を見つめ、自分を超えたものに思いを巡らせ、生きることやこの世界について感じる、そういう時間もあっていいのではないでしょうか。

あとがき

堀尾尚志

妻・治代が嘱託として、天理よろづ相談所「憩《いこい》の家」病院の心理相談室に詰めていたとき、このままでは死に至るかもしれないという拒食症の子供を回復させた話をしたことがありました。心理臨床の緊迫した現場のことを初めて聞いたときのことを思い出します。本書の冒頭に載せた一節は、そのことを語ったインタビュー記事の抜粋です。

それが、カウンセラーとしては駆け出しの妻が、これから専門家として歩んでいく自覚を得た画期であったように思います。妻の生家は天理教の教会でした。相談事で訪ねてくる信者さんの相手をして、ただひたすら話を聞いていた母親のことを話していました。そのような母親の姿を見ていたことが、後年カウンセラーとして「普通に接して、心を聴く」ということに繋《つな》がっていったのでしょう。

そして大学生になったとき、上記の「憩の家」病院を見学する機会がありました。心理学関係の分野が導入されていないのに気づいたこと、それが臨床心理学を志す具体的なきっかけとなりました。天理教の教えに「病の元は心から」とありますが、臨床心理学はまさに、この「おことば」を実践することという意識を持ったのです。

さて私は、妻が時として話すカウンセリングの苦労や成り行きを聞いていて、門前の小僧よろしく臨床心理学にそれなりの理解ができていったようです。そのような四十数年を経たいま、その習わぬ「経」を頼りに遺稿集を取りまとめることになりました。もとより門前の小僧、専門の方々にサポートをしていただきました。妻と大学での同窓である播磨俊子《はりまとしこ》・神戸大学名誉教授、妻のスーパーバイズを受けた川西千弘《かわにしちひろ》・京都光華女子大学教授、そして天理大学大学院臨床人間学研究科の菅野信夫《かんのしのぶ》教授と千《ち》原雅代《はらまさよ》教授。

何度かの打ち合わせを経てまとめた構成案は、心理臨床のエッセンス、妻なりの取り組みの特色を先に出そうとするものでした。無意識にそうなっていました。門前の小僧なりに考えた原案を、専門家のご意見に従い、修正し纏《まと》めたものでした。

しかし、カウンセリングということが何なのか、カウンセリングなどというものと無縁の人たちを念頭に構成するという発想が弱かったように思います。そのことを示していただいたのは、天理教道友社の松本泰歳《まつもとやすとし》・編集出版課長と北村譲英《きたむらじょうえい》・同出版デスクのお二人でした。そのご指摘を受け入れ、専門家の意向とすり合わせて本書は出来上がりました。

話はあと先になりますが、遺稿集とりまとめの計画が出てきて最初にお世話になったのは、天理大学附属天理図書館天理教文献室の早田一郎《そうだいちろう》様です。収録に遺漏《いろう》がないようにと網羅的に調べていただきました。

ここに収録した著作の掲載や刊行に当たり、多くの方々にお世話になったことは言うまでもありません。お名前を挙げ尽くすことはできませんが、上記の皆様と併せ、衷心より御礼申し上げます。

最後に収録しました「このごろ思うこと」は、逝去の数年前にしたためていたものです。この一文を、妻から皆様へのお別れのメッセージとして載せることにしました。

堀尾治代略歴

一九四六年九月一四日　兵庫県飾磨《しかま》郡谷外村佐良和《さろお》（現姫路市飾東《しきとう》町佐良和）において、牛尾喜太郎・治子の長女として生まれる
一九七二年五月三一日　堀尾尚志と結婚
二〇一八年四月一〇日　死去

一九六五年　兵庫県立姫路西高等学校卒業
一九六五年　京都大学教育学部入学
一九六九年　同学部卒業
一九六九年　京都大学大学院教育学研究科教育方法論専攻修士課程入学
一九七一年　同博士課程進学
一九七四年　同課程、単位取得退学
一九八五年　教育学博士（京都大学論教博三六号）

一九六九年　中等学校・高等学校教諭免許（英語）及び養護学校教諭免許取得

一九八九年　臨床心理士資格取得（登録番号四〇三）
一九七四年　名古屋市立女子短期大学専任講師（翌年、助教授）
一九八七年　天理大学教養部助教授
一九九〇年　同教授
一九九二年　人間学部開設に伴い配置換え
二〇〇三年　天理大学大学院臨床人間学研究科長兼務（二〇〇八年まで）
二〇一二年　天理大学、退職

一九七一年　天理よろづ相談所「憩の家」心理相談室嘱託（一九七四年まで）
一九七七年　松田クリニック健育研究所嘱託（二〇一八年まで）
二〇〇六年　天理よろづ相談所理事（二〇一七年まで）
一九八八年　京都大学保健管理センター非常勤講師（一九九三年まで）
その他多数につき省略

主要業績

著書

『現代の青年心理学』（共著）、小林出版（一九八〇）
『心理学10　自我・自己』（共著）、有斐閣（一九八一）
『青年臨床心理学』（共著）、朝倉書店（一九八三）
『教育心理学の展開』（共著）、新曜社（一九八五）
『青年心理学ハンドブック』（共著）、福村出版（一九八八）
『教育心理学小辞典』（共著）、有斐閣（一九九一）
『臨床心理学2　アセスメント』（共著）、創元社（一九九一）
『教育心理学を学ぶ人のために』（共著）、世界思想社（一九九五）
『心理臨床と宗教性』（共著）、創元社（二〇一〇）

分担執筆

『天理教とキリスト教の対話Ⅱ』、天理大学出版部（二〇〇五）、「天理教における家庭教育」
ひのきしんスクール編『たすけあい選科』、天理教道友社（二〇〇〇）、「『カウンセリング課程』によせて」
金子昭ほか著『天理教社会福祉の理論と展開』、白馬社（二〇〇四）、「天理教における諭しとカウンセリング」

"TENRIKYO-CHRISTIAN DIALOGUE"II, Tenri University Press,(2005),'Family Education in Tenrikyo'

学術論文

「宗教的青年のパーソナリティ特性―自我の強さを中心として」、京都大学博士学位論文（一九八五）

「内田クレペリン精神作業検査と入試成績との関係について」、『名古屋市立女子短期大学研究紀要』一五集（一九七六）

「宗教的青年のパーソナリティ特性―自我の強さを中心として」、『名古屋市立女子短期大学研究紀要』二六集（一九七七）

「宗教的行動とパーソナリティ特性」、『教育心理学研究』二〇巻二号（一九七二）

「対人関係に障害をもつ青年のロールシャッハ人間反応の特徴について」、『京都大学学生懇話室紀要』三輯（一九七三）

「自我の強さの尺度に関する一考察」、『心理学研究』四四巻五号（一九七三）

「拒食を伴った学校恐怖症児に対する心理療法の過程」、『京都大学学生懇話室紀要』四輯（一九七四）

「学生相談活動の一環として実施したグループ体験合宿の効果について」、『京都大学学生

懇話室紀要』四輯（一九七四）
「京都大学心理教育相談室における臨床活動に関する報告」、『京都大学教育学部紀要』二〇巻（一九七四）
「対人関係に障害をもつ青年のロールシャッハ人間反応の特徴について」、『心理測定ジャーナル』一二巻一〇号（一九七六）
「宗教的青年のパーソナリティ特性(二)」、『名古屋市立女子短期大学研究紀要』二七集（一九七八）
「宗教的青年のパーソナリティ特性(三)」、『名古屋市立女子短期大学研究紀要』二九集（一九八〇）
「女子短大生の自己概念」、『名古屋市立女子短期大学研究紀要』三五集（一九八五）
「現代学生の性格特性について」、『天理大学学報』三九巻三号（一九八八）
「現代大学生の自己概念―二〇答法を用いて」、『天理大学学報』四一巻一号（一九八九）
「対人恐怖症の男子大学生の心理構造について―ロールシャッハ反応を中心として」、『天理大学学報』四二巻二号（一九九一）
「本学への志望動機―入試アンケート結果を中心に」、『天理大学学生相談室報告』三号（一九九一）
「精神科医との連携の中で」、『臨床心理事例研究』(京都大学心理相談室紀要)一八巻(一九九二)

その他の著述

「現代の善と悪 心理療法の現場から」、天理やまと文化会議編『G-TEN』四四号（一九八九）

「カウンセリング」（その一）、『みちのだい』（天理教婦人会）一〇八号（一九九一）

「カウンセリング」（その二）、『みちのだい』（天理教婦人会）一〇九号（一九九一）

『登校しにくい児童・生徒の理解と援助に向けて』（分担執筆）、奈良県教育委員会学校教育課（一九九三）

『心と身体』（単著）、天理よろづ相談所世話部（一九九四）

『カウンセリングとは』（分担執筆）、天理教国内布教伝道部福祉課（一九九五）

『家族について』（単著）、天理教国内布教伝道部福祉課（一九九六）

『高齢者に対するカウンセリング』（単著）、天理教国内布教伝道部福祉課（一九九六）

「高齢者に対するカウンセリング」（上）、『東中央』（東中央大教会）三五八号（一九九六）

「高齢者に対するカウンセリング」（下）、『東中央』（東中央大教会）三五九号（一九九七）

「天理大学における心理臨床のあゆみ」、『天理大学カウンセリングルーム紀要』創刊号（二〇〇四）

『心理臨床家の集い 2010 in 天理』、同集い幹事会（二〇一〇）

その他、「初出一覧」掲載参照

初出一覧

巻頭　「ようぼくここに」『天理時報』一九八〇年九月二八日付

カウンセラーの仕事　「カウンセリングエッセー」『天理時報』一九九三年一二月一二日付

Ⅰ　カウンセリング入門

普通に接して！　「カウンセリング入門」『天理時報』一九九四年一月一六日付

〝心〟を聴いてみませんか　「カウンセリング入門」『天理時報』一九九四年二月一三日付

まずは心を〝白紙〟にして　「カウンセリング入門」『天理時報』一九九四年三月一三日付

心に治めることが信頼のカギ　「カウンセリング入門」『天理時報』一九九四年四月一〇日付

まず自分を知ることから　「カウンセリング入門」『天理時報』一九九四年五月八日付

面接時間を制限する意味　「カウンセリング入門」『天理時報』一九九四年六月一二日付

【コラム】「心の病」とは　「立教一七〇年教会長おやさと研修会・講演資料」二〇〇九年

心を遊ばせる　「カウンセリング入門」『天理時報』一九九四年七月一〇日付

〝心の窓〟とつながる　「カウンセリング入門」『天理時報』一九九四年八月一四日付

電話線の向こうから　「カウンセリング入門」『天理時報』一九九四年九月一一日付

家族の理解を深める　「カウンセリング入門」『天理時報』一九九四年一〇月九日付

精神障害への正しい知識を　「カウンセリング入門」『天理時報』一九九四年一一月一三日付

〝心の時代〟に向けて　「カウンセリング入門」『天理時報』一九九四年一二月一一日付

【コラム】心の傷を癒やすカウンセリング　『天理時報』一九九五年二月一二日付

Ⅱ　相談室の風景

「お母さん、僕、目を開けていいの?」　「臨床心理の窓から」『陽気』二〇一二年七月号

ダイエットから過食症へ　「人生相談」『天理時報』一九九二年八月一六日付

自慢の息子がどうして?　「臨床心理の窓から」『陽気』二〇一二年九月号

うつ病の家族を支える　「臨床心理の窓から」『陽気』二〇一二年八月号

ずっと一緒にやってきたのに　「臨床心理の窓から」『陽気』二〇一二年一一月号

「枠」に守られるということ　「臨床心理の窓から」『陽気』二〇一二年六月号

寝てばかりの息子　「人生相談」『天理時報』一九九二年三月八日付

夫婦でもう一度　「臨床心理の窓から」『陽気』二〇一三年二月号

キティちゃんの家づくり　「臨床心理の窓から」『陽気』二〇一三年一月号

「心」を「受」けてノ（の）をつける　「臨床心理の窓から」『陽気』二〇一二年五月号

私は周りの人に迷惑をかけている　「臨床心理の窓から」『陽気』二〇一二年一〇月号

希望を失わず共に居続けること　「臨床心理の窓から」『陽気』二〇一三年三月号

【コラム】基本は本人の力を信じること　『人間いきいき新聞』（天理時報号外）一九九一年八月一八日付

Ⅲ　揺れる思春期・青年期

〝終わらない〟思春期　『天理文化講座「家族再考」』（講演ＤＶＤ）一九九二年

【コラム】母の〝ぬくもり〟　「カウンセリングエッセー」『天理時報』一九九三年一〇月一〇日付

「不登校」に寄り添う　『天理文化講座「家族再考」』（講演ＤＶＤ）一九九一年

【コラム】なぐり書きをしながら　「臨床心理の窓から」『陽気』二〇一二年一二月号

【コラム】黙って見守るお母さんに寄り添って　「臨床心理の窓から」『陽気』二〇一二年四月号

Ⅳ　若者と宗教――青年期の課題

ヤマアラシ・ジレンマからの脱却　「『学修』をこう見る」『天理時報』二〇〇三年六月二二日付

現代青年と宗教　『中日新聞』一九八四年七月八日付から四回連載

【コラム】新々宗教と若者たち　「カウンセリングエッセー」『天理時報』一九九三年五月三〇日付

〝大人になる〟のが難しい時代　『みちのとも』二〇〇一年九月号

終わりに――このごろ思うこと　「こころの声」「奈良県臨床心理士会ホームページ」二〇一五年一二月一六日掲載

こころを聴《き》く――寄《よ》り添《そ》うカウンセリング

2020年3月1日　初版第1刷発行

著　者　堀 尾 治 代

発行所　天理教道友社
〒632-8686　奈良県天理市三島町1番地1
電話　0743（62）5388
振替　00900-7-10367

TENRIKYO DOYUSHA

印刷所　株式会社天理時報社
〒632-0083　奈良県天理市稲葉町80

ISBN978-4-8073-0632-9
定価はカバーに表示